Jacques Regard

Manuel
de gestion
des émotions

Groupe Eyrolles
61, Bd Saint-Germain
75240 Paris Cedex 05

www.editions-eyrolles.com

Avec la collaboration de Julie Bouillet et Fanny Morquin

Illustrations : Sylvain Mérot

Schémas : Hung Ho Thanh

Jacques Regard

Manuel
de gestion
des émotions

Deuxième édition

EYROLLES

Table des matières

Partie 1
COMPRENDRE SES ÉMOTIONS

Chapitre 1

Chapitre 2

Chapitre 3

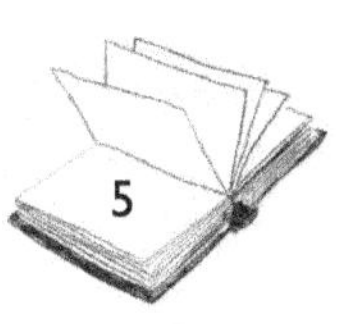

Chapitre 4

Chapitre 5

Chapitre 6

Chapitre 7

Chapitre 8

Partie 2
TRAVERSER SES ÉMOTIONS

Chapitre 9

Chapitre 10

Chapitre 11

Chapitre 12

Chapitre 13

Introduction

Pourquoi traversez-vous toujours les mêmes tourments, les mêmes problèmes, les mêmes difficultés ? Pourquoi êtes-vous si souvent stressé ? Pourquoi êtes-vous victime de ces anxiétés et de ces angoisses qui vous rongent ? Pourquoi ressentez-vous ces jalousies, ces haines, ces colères et ces déprimes qui semblent ne jamais avoir de fin ?

La vie est faite d'émotions et, pourtant, personne ne vous a appris à les comprendre et encore moins à les traverser. On vous a appris à être poli, à bien vous conduire en société, ainsi qu'à respecter les règles et les lois de votre pays. Vous avez été à l'école pour apprendre énormément de choses, pas toujours très utiles. Vous avez pris des cours de conduite, d'informatique et vous savez faire fonctionner un grand nombre d'outils complexes. Vos tiroirs regorgent de modes d'emploi extrêmement détaillés pour utiliser le moindre appareil électroménager, mais aucun ne vous aide à gérer vos émotions quotidiennes.

Pourtant, le sujet passionne et interroge un public sans cesse croissant. Il suffit de voir les titres des magazines ou ceux des très nombreux livres spécialisés sur le sujet pour se rendre compte de l'intérêt suscité par ce vaste domaine. Le point commun entre la plupart de ces livres est que chacun d'eux prétend posséder LA recette qui va mettre un terme définitif à tous vos ennuis. Malheureusement, il faut bien constater que ce qui vous est proposé n'est pas toujours très facile à mettre en œuvre. Les techniques, les clefs ou les outils n'étant pas nécessairement adaptés à ce qui vous arrive, les résultats ne sont bien souvent pas à la hauteur de vos espérances. Malgré cela, chacun de ces ouvrages contient presque toujours quelque chose qui sonne juste à vos oreilles. Devant cette diversité, comment choisir l'outil qui vous conviendrait le mieux sur le moment ?

Ce livre est destiné aux personnes qui veulent se libérer des haines, des peurs, des craintes, des anxiétés et de tous ces moments d'angoisse ou de panique qui ternissent leur existence. Il est le résultat de nombreuses années de recherche et de pratique dans le domaine de l'aide et du développement personnel et constitue une aide précieuse pour tous ceux qui ne comprennent pas pourquoi ils souffrent et qui restent englués dans leurs émotions. Cependant, il ne saurait remplacer l'aide d'un professionnel qualifié si la souffrance est trop importante. Si en revanche elle ne l'est pas, il est tout à fait possible de vous aider vous-même avec cet ouvrage, qui contient une grande variété de réponses efficaces pour vous libérer du poids de vos émotions et mener une existence plus agréable.

Ce livre est avant tout pratique. Il se divise en deux parties.

La première partie permet de mieux comprendre à quoi servent les émotions désagréables et comment elles obéissent à un fonctionnement rigoureux qu'il est important de connaître afin de pouvoir en reprendre le contrôle. Vous verrez comment apaiser ou éliminer les émotions désagréables, même lorsqu'elles sont déjà bien installées. Ensuite, en comprenant

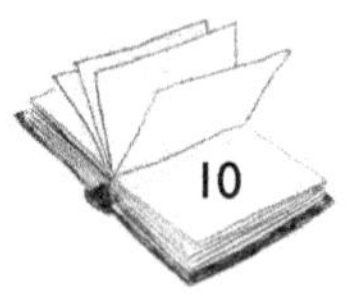

le rôle que les émotions tiennent dans votre vie, vous aurez envie de découvrir ce qu'elles ont à vous dire. À cet effet, les dictionnaires émotionnels rassemblent tout ce qu'il faut savoir pour comprendre et faire face à plus de quarante émotions différentes. Les messages enfermés à l'intérieur de chacune d'entre elles contiennent des informations extrêmement utiles pour les personnes courageuses qui se risqueront à les écouter.

L'objectif de la deuxième partie est de vous fournir des outils ou des techniques afin que vous puissiez choisir ceux qui vous conviennent au moment où vous en avez besoin. Lorsque l'avenir paraît sombre, vous verrez comment ouvrir la porte au changement et vous construire des jours meilleurs. Cette deuxième partie se prolonge en offrant divers moyens de mieux vivre vos émotions au quotidien. Elle explique aussi comment mettre un terme à ce qui vous fait souffrir.

Un grand nombre d'exercices accompagnent cet ouvrage. C'est ainsi que vous découvrirez des moyens simples, pratiques et très efficaces pour éliminer la timidité, les peurs, les phobies, l'anxiété, les angoisses, ainsi qu'un grand nombre de souffrances psychologiques ou psychosomatiques.

Tous les outils présentés dans cet ouvrage ont été passés au fil du rasoir d'Occam (cette règle philosophique et scientifique veut qu'entre deux théories ou explications rivales, il faille toujours préférer la plus simple et la plus fondamentale). Ils ont tous fait leurs preuves et fonctionnent avec la même efficacité. Malgré cela, aucun ne peut prétendre soigner systématiquement tout le monde. Il n'y a pas de remède universel qui pourrait tout résoudre chez n'importe qui et à n'importe quelle occasion. Il en va donc de votre responsabilité de découvrir et de mettre en œuvre ce qui vous conviendra le mieux au moment où vous en aurez besoin.

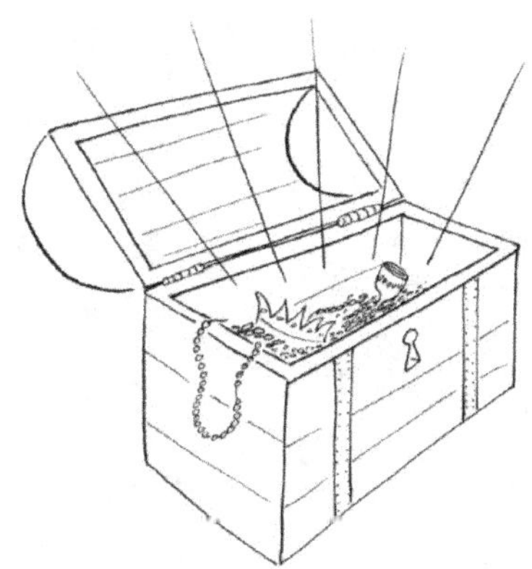

COMPRENDRE SES ÉMOTIONS

« *Rien n'est plus dangereux qu'une idée,
quand on n'a qu'une idée.* »
Alain, *Propos sur la religion*

$\mathcal{V}$ous êtes constamment habité par toutes sortes d'émotions, mais de manière assez paradoxale, il faut bien reconnaître que vous ne savez pas grand-chose sur ce vaste sujet.

Certes vous connaissez comme tout le monde la colère, la peur, le doute, le regret, l'anxiété ou le chagrin. Votre vie est plus ou moins stressante ou accablante, et vous n'ignorez rien des sensations que procure la venue de moments paisibles, joyeux, excitants, enivrants ou enthousiasmants. Votre existence est un vaste océan émotionnel sur lequel vous naviguez, en essayant d'éviter ce qui vous fait souffrir et de retrouver ce qui est agréable.

Mais qu'y a-t-il sous la surface des émotions ? Quels sont leurs mécanismes et comment fonctionnent-elles ? Quel est leur rôle ? Ont-elles une utilité ? Faut-il les nier, les ignorer, les contrôler ou chercher à les comprendre ? C'est ce que nous allons découvrir au fil de cette première partie.

Chapitre 1

Le corps
des émotions

*L*orsque vous êtes heureux, triste, stressé, en colère ou anxieux, vous savez très bien pourquoi vous l'êtes. Quelle que soit l'émotion qui vous agite, vous en connaissez les raisons. Or il y a une question que vous vous posez rarement : « Comment est-ce que je sais que je me sens bien, déçu, stressé ou déprimé ? » Il ne s'agit pas ici de découvrir les causes de votre trouble, mais de savoir comment vous savez que vous ressentez telle ou telle émotion. La question peut paraître troublante, car elle est inhabituelle, mais elle mérite réflexion : c'est à partir des réponses apportées que vous parviendrez à traverser vos émotions désagréables.

Le corps est le support des émotions

Vous n'êtes pas un pur esprit, et tout ce que vous pouvez ressentir passe d'abord par votre corps. Quelle que soit l'émotion qui vous agite, vous le savez parce que votre corps vous l'indique à sa manière.

> *Vous savez que vous êtes heureux parce que vous ressentez une sensation agréable dans un ou plusieurs endroits du corps (sensation de plénitude ou de détente dans l'estomac, léger picotement dans les pieds, frissons sur les avant-bras, sensation de légèreté, impression de plénitude dans la poitrine, bien-être qui dénoue tout le corps…).*

Les « symptômes » ne sont pas les mêmes pour tout le monde, et une même émotion peut, selon les personnes, donner lieu à n'importe quelle sensation dans n'importe quelle partie du corps.

Un ancien hooligan décrivait ainsi ses symptômes de peur avant chaque bagarre : « Je sais que j'ai peur quand j'ai les joues qui commencent à me picoter. J'ai peur, mais en même temps, cela m'excite parce que cela me pousse à me dépasser pour être le plus fort. C'est pour ça que j'aime la bagarre. Quand ça me picote sur les joues, j'ai peur, mais j'aime ça ! »
Chacun a sa manière personnelle de ressentir une émotion. En face d'un hooligan rempli de haine et de bière, certains sauront qu'ils ont peur en sentant leurs jambes flageoler ou en ayant une pressante et subite envie d'aller aux toilettes. D'autres reconnaîtront leur peur en se sentant pousser des ailes dans le dos…

Une émotion de colère ne peut pas exister sans que le corps se contracte : celui qui enrage serre les poings, les sourcils, les mâchoires… Sa respiration s'accélère, son cœur bat plus vite et, en même temps, il a envie de faire disparaître (plus ou moins radicalement) ce qui le dérange, l'agace ou le menace. Il suffit de regarder un film d'action pour observer combien nous nous crispons facilement dès que le héros se bagarre. D'une autre manière, le découragement, l'abattement ou la déprime ne peuvent exister sans une certaine impression de lassitude, de dégoût ou d'épuisement.

Vous êtes un système complexe : votre corps influence vos pensées, et vos pensées influencent votre corps. Lorsque vous êtes très fatigué ou grippé, votre moral, vos pensées et vos émotions ne sont guère positifs. On dira alors que c'est votre corps qui influence vos pensées. L'inverse est également vrai. Quand vous êtes amoureux, vous vous sentez en pleine forme et plein de vie. Si vous apprenez une très bonne nouvelle, et même si vous êtes au fond de votre lit, vous allez subitement vous sentir beaucoup mieux. Les exemples de ce genre sont multiples et apportent tous la preuve que la pensée influence le corps.

Exercice : ressentir à quel point la pensée influence le corps

Prenez le temps de faire cet exercice en étant attentif à ce que vous pouvez ressentir physiquement selon que vous pensez à un sujet ou à un autre.

— Pensez à quelque chose de gai en vous imprégnant des détails de la situation et observez comment vous vous sentez.

— Ensuite, pensez à quelque chose de triste, de préoccupant ou de stressant, là aussi en vous imprégnant des détails de la situation, et voyez comment vos sensations physiques changent au fur et à mesure que vous entrez dans cette émotion désagréable.

— Enfin, rappelez-vous un événement heureux extrêmement fort (premier baiser, naissance d'un enfant, grande réussite, etc.) et percevez l'évolution de vos sensations lors de cette évocation.

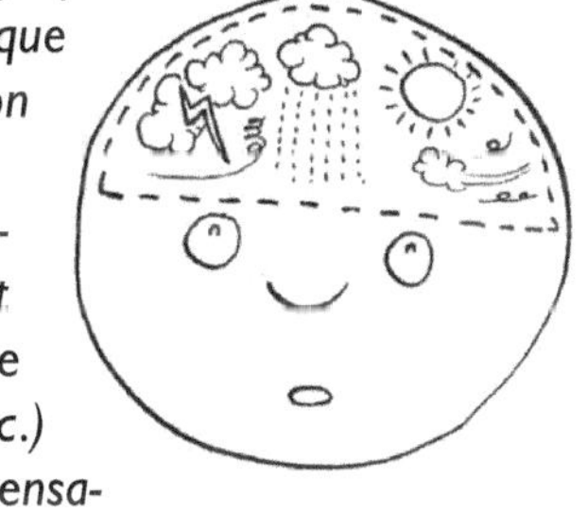

Un réflexe naturel pour deux systèmes de défense

Les émotions, et particulièrement l'excitation, la colère, la peur ou le stress, correspondent à un réflexe naturel qui permet à n'importe quel être vivant (homme ou animal) de devenir momentanément plus fort ou plus rapide que ce qui le met en danger. Ce genre d'émotion oblige l'organisme à fournir un supplément d'énergie pour triompher de l'adversité, pour mieux se défendre, ou pour fuir plus vite s'il estime que c'est la seule solution. Lorsqu'il se sent menacé, votre corps utilise deux systèmes de défense :

- une réponse rapide et brève, qui est de l'ordre du réflexe. Lorsque vous vous sentez agressé, menacé ou en danger, votre corps puise dans ses réserves un surcroît d'énergie physique pour faire face efficacement à la situation : vous devenez subitement plus fort ou plus rapide. Malheureusement, cette source d'énergie s'épuise très vite ;

- une réponse lente et prolongée : lorsque la réponse rapide n'a pas suffi à éradiquer le danger, votre organisme met en route un deuxième type de réponse, pour continuer le combat. Si la première réponse était une guerre éclair, cette seconde réponse correspond à une guerre

d'usure : sa mission consiste à apporter du renfort et de nouvelles munitions à l'organisme afin qu'il puisse continuer à se défendre. C'est à cause de cette réponse lente que des émotions comme l'anxiété, l'angoisse, la rancune ou les phobies parviennent à s'installer durablement.

Que le système de défense soit rapide ou lent, tout est coordonné par le cerveau. Celui-ci envoie les ordres et réceptionne les informations pour que l'organisme s'adapte aux diverses émotions auxquels il est confronté.

Aussi incroyable que cela puisse paraître, la partie de votre cerveau qui contrôle et régularise vos émotions est une petite glande qui se trouve au centre du cerveau et qui s'appelle l'hypothalamus. Elle est en relation directe avec le système limbique, siège des émotions, mais aussi avec le cortex, siège des pensées. L'hypothalamus est idéalement placé (voir coupe du cerveau ci-dessous) pour communiquer avec ces deux principaux moyens de défense que sont le système nerveux et le système hormonal :

- pour communiquer avec le système nerveux, l'hypothalamus est au sommet de la moelle épinière, ce qui lui permet de contrôler et de commander tous les muscles ;

- l'hypothalamus dirige également le système glandulaire ou hormonal grâce à l'hypophyse qui se trouve à son extrémité. Cette petite glande guère plus grosse qu'une bille joue un rôle essentiel pour mesurer, doser et corriger la composition du sang en fonction des besoins.

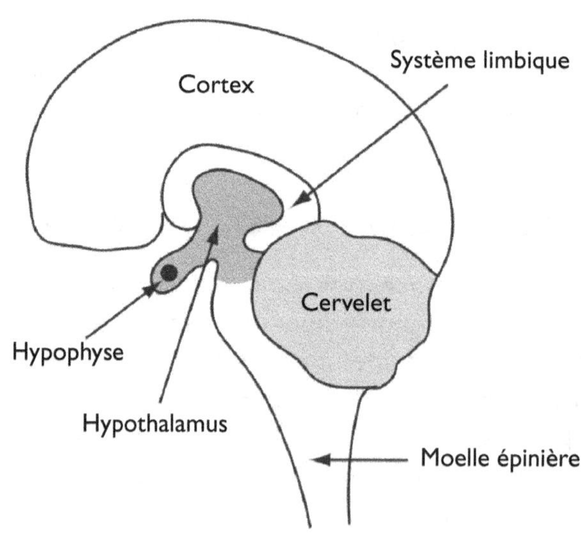

Coupe du cerveau

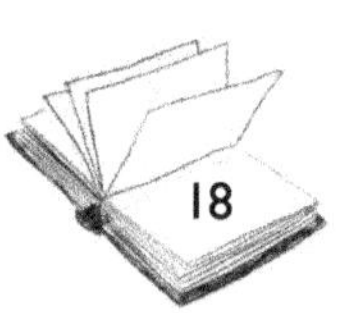

Émotions et système nerveux

Votre système nerveux est un vaste réseau électrique dans lequel des informations circulent et s'échangent entre votre cerveau et n'importe quelle autre partie de votre corps. Votre système nerveux est triple et comprend le système nerveux central, le système nerveux périphérique et le système nerveux autonome.

Le système nerveux central

Ce premier système, le plus important, correspond au cerveau et à la moelle épinière. C'est de là que partent tous les ordres et c'est là qu'arrivent toutes les informations. Ce système est en quelque sorte le poste de commandement de l'information nerveuse (et émotionnelle) de votre corps.

Le système nerveux périphérique

Comme le montre le schéma ci-après, le système périphérique comprend les nerfs qui partent du cerveau et de la moelle épinière. Ce système sert à faire fonctionner les muscles et les organes, et à obtenir de leurs nouvelles pour savoir comment ils vont.

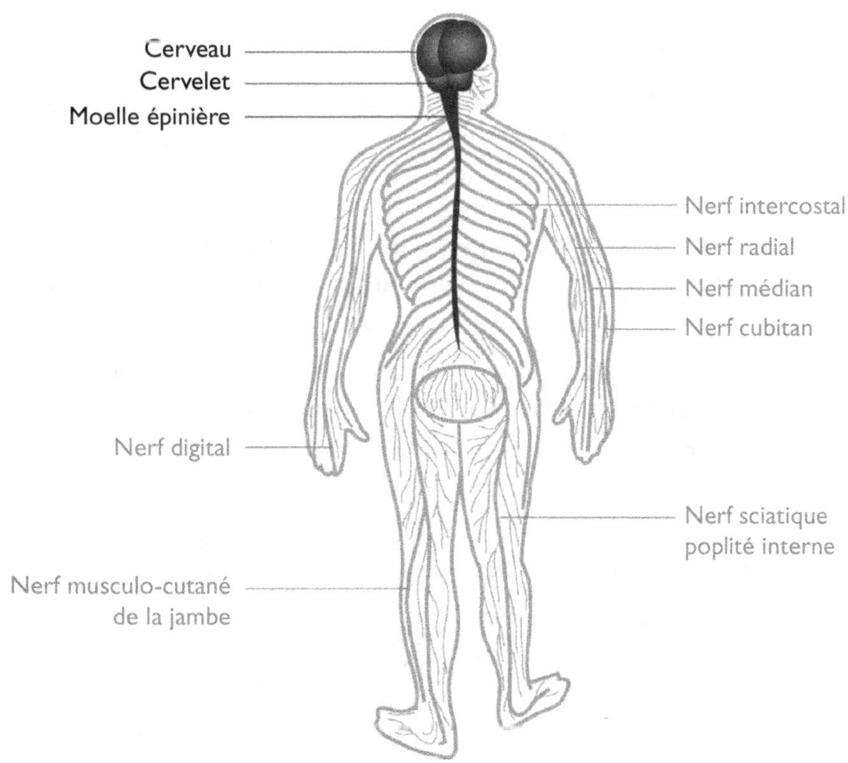

Les systèmes nerveux central (en noir) et périphérique (en gris)

 ## Les atteintes du système nerveux

Lorsque le système nerveux central est coupé, l'information ne circule plus.

Par exemple, selon l'endroit où la moelle épinière est atteinte, les victimes seront paralysées au niveau des jambes (paraplégie), ou au niveau des bras et des jambes (tétraplégie).

Lors d'un accident vasculaire cérébral, les ruptures de communication dans le système nerveux central peuvent causer une paralysie plus ou moins importante de la moitié droite ou gauche des muscles du visage ou de ceux du corps entier (hémiplégie).

De manière moins dramatique, lorsqu'une blessure touche le système périphérique, si l'on se coupe par exemple le nerf d'un doigt, on perd toutes les sensations du toucher au niveau de ce doigt.

Le système nerveux autonome

Après le système nerveux central (poste de commandement) et le système nerveux périphérique (réseau routier de l'information nerveuse), le système nerveux autonome est chargé de la régulation et de la coordination des fonctions vitales de l'organisme. C'est lui qui s'occupe de tout ce qui fonctionne dans votre corps sans que vous vous en rendiez compte (rythme cardiaque, respiration, digestion, etc.). Ce système nerveux autonome est un peu plus complexe que les autres. Il est formé du système orthosympathique et du système parasympathique, qui servent tous les deux à réguler le stress et les émotions :

- le système orthosympathique accélère les mécanismes du corps pour le rendre plus rapide et plus fort. C'est lui qui intervient pour stimuler l'ensemble de vos organes lorsqu'il faut réagir très vite en face d'un danger ou d'une menace ;

- le système parasympathique ralentit les réactions exagérées du corps. Il calme et apaise les réactions émotionnelles. Nous verrons un peu plus loin comment mettre volontairement ce système en route pour calmer ou éliminer le stress dû aux émotions désagréables.

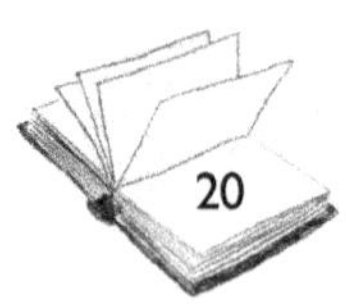

20

Deux systèmes aux rôles différents

Le système orthosympathique

À l'intérieur du système nerveux autonome, le système orthosympathique est un véritable signal d'alarme ultrasensible qui se déclenche à la moindre menace. Dans ce genre de situation, il réagit pour ainsi dire instantanément, en améliorant vos capacités physiques pour que vous puissiez mieux vous défendre ou fuir plus rapidement.

Dès que vous vous sentez menacé, votre respiration s'accélère et votre pupille se dilate (pour mieux voir le danger). Votre cœur bat plus vite, votre tension augmente, certains vaisseaux se dilatent pour diriger en priorité le flux sanguin vers vos muscles et votre cerveau (c'est à cause de cela que vous rougissez lorsque vous êtes gêné ou en colère). Votre tonus musculaire augmente grâce à une élévation presque instantanée du taux de sucre dans le sang.

Dans le même temps, les petites artères qui conduisent le sang vers la peau se contractent. La composition du sang se modifie, afin de laisser le moins de sang possible s'échapper en cas de blessure (c'est pour cette raison que vous devenez parfois très pâle sous l'emprise d'une grande émotion). Toujours par souci d'économie maximale, les fonctions digestives ralentissent ou s'arrêtent complètement. Tous ces changements n'ont qu'un seul but : vous rendre plus fort et plus rapide pour survivre au danger qui s'annonce.

Le plus extraordinaire, c'est que tout ce que nous venons de décrire se fait en une fraction de seconde !

Le système parasympathique

Cette deuxième partie du système nerveux autonome a des effets exactement inverses de ceux du précédent. Au lieu de bander vos forces et votre esprit, le système parasympathique apporte apaisement et détente. Il ralentit le rythme cardiaque et régularise la circulation sanguine en contractant les vaisseaux trop dilatés et en dilatant ceux qui étaient trop contractés. Il calme la respiration et réorganise le flux sanguin qui était envoyé en priorité vers les muscles et le cerveau. Il rétablit également le fonctionnement normal des fonctions qui avaient été suspendues durant le danger (digestion, élimination, etc.).

Ainsi, lorsque vous avez peur, c'est le système orthosympathique qui fait battre votre cœur plus vite et plus fort afin d'être prêt à toute éventualité. Mais lorsque le danger est passé et que vous respirez un grand coup, vous mettez (inconsciemment) en route le système parasympathique, qui va immédiatement ralentir votre rythme cardiaque et votre pression sanguine pour vous faire retrouver votre calme.

Émotions et hormones

En même temps qu'elles agissent sur votre système nerveux, vos émotions influencent votre système endocrinien (les hormones) pour augmenter ou ralentir le fonctionnement de vos organes. Chaque émotion agréable ou désagréable modifie donc à sa manière l'équilibre de votre système hormonal. En fonction du taux de répartition des hormones présentes dans votre organisme, vous pouvez dire que vous êtes triste, en colère ou amoureux. Les hormones sont des protéines déversées directement dans la circulation sanguine par l'une ou l'autre de vos glandes endocrines (hypophyse, thyroïde, parathyroïde, surrénales, pancréas), mais aussi par les testicules ou les ovaires.

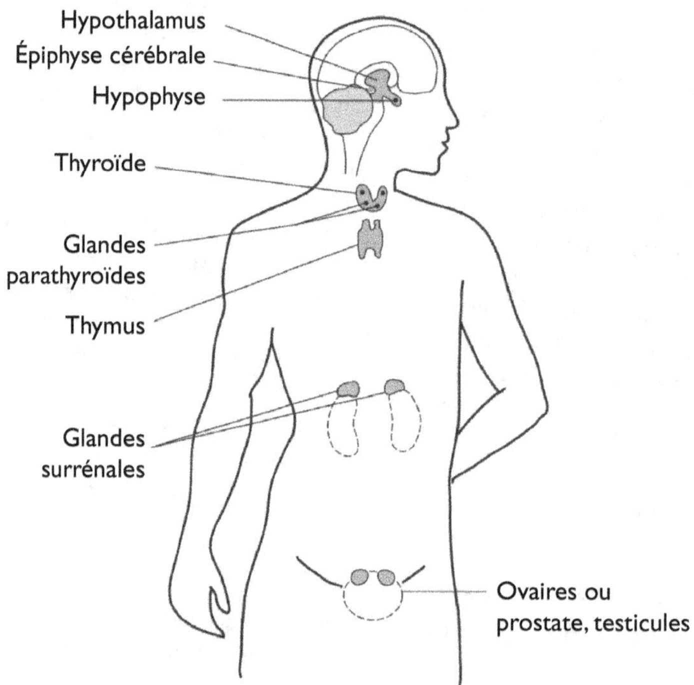

Les glandes endocrines

Le système endocrinien (ou hormonal) sécrète un certain nombre d'hormones, parmi lesquelles l'adrénaline, la cortisone et une morphine naturelle appelée endorphine.

L'adrénaline

Dès qu'une situation d'urgence est reconnue (jeu, challenge, danger, menace, etc.), l'hypothalamus (le général en chef au milieu du cerveau) envoie de l'adrénaline dans le sang par l'intermédiaire des glandes médullosurrénales qui se trouvent au-dessus des reins. Entre le moment où vous percevez un danger et celui où vous ressentez une décharge d'adrénaline, il ne s'écoule que quelques fractions de seconde. L'adrénaline est l'hormone de l'adaptation au froid, à l'effort et au stress en général. Ses effets sur l'organisme sont multiples :

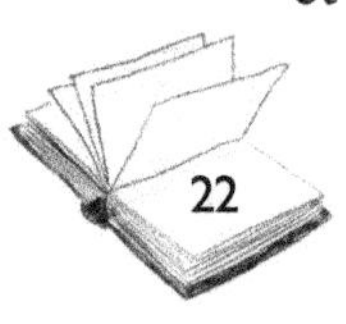

- elle libère les réserves de sucre contenues dans le foie (hyperglycémie) pour aider l'organisme à devenir plus fort et plus rapide ;
- elle fait monter la tension artérielle et dilate les vaisseaux du cœur et des muscles pour favoriser l'effort et aider à se battre ;
- elle renforce les contractions du cœur et augmente le débit du sang en élargissant le diamètre des vaisseaux sanguins. Le cœur bat plus vite et plus fort pour améliorer la rapidité et la pertinence des décisions à prendre ;
- dans le même temps, elle contracte les vaisseaux de la peau et des viscères pour économiser et réduire les pertes de sang en cas de blessure ;
- elle a également une action sur les muscles lisses. C'est ainsi qu'elle dilate les bronches (pour mieux respirer), ralentit le transit intestinal et économise les énergies internes en arrêtant tout ce qui n'est pas indispensable pour lutter contre la menace ;
- elle mobilise aussi les réserves de graisse pour mieux lutter contre le froid.

Les effets de l'adrénaline sont tellement puissants que certaines personnes recherchent volontairement les situations stressantes pour « obtenir leur dose ».

Certains font des sports extrêmes, se mettent dans des situations périlleuses ou foncent tête baissée dans les problèmes pour déclencher, souvent inconsciemment, de fortes poussées d'adrénaline. Les grands joueurs, les amateurs de sport mécanique, ceux qui fréquentent les manèges à sensation des fêtes foraines, font du saut à l'élastique ou pratiquent le parachutisme avec ou sans ouverture retardée connaissent bien ces émotions très fortes de peur et/ou d'excitation qui précèdent de grands moments de calme. Ces mises en danger volontaires et contrôlées ont toutes pour point commun de procurer de grandes décharges d'adrénaline.

Dans le monde du travail, certains individus recherchent les environnements stressants pour « obliger » leur corps à produire la quantité d'adrénaline dont ils sont devenus dépendants. Ces véritables drogués de l'adrénaline se reconnaissent à travers leurs expressions : « je ne travaille bien que si je suis sous pression », « j'aime la compétition parce qu'elle m'oblige à me dépasser », « si je ne suis pas stressé, je ne vaux rien », « pour être motivé, il faut que j'aie quelqu'un à battre », « si c'est trop facile, cela ne m'intéresse pas », etc. Ceux qui apprécient les films d'horreur ou les jeux d'argent connaissent bien eux aussi les délicieux effets de l'adrénaline dans leur organisme.

Mais si l'adrénaline est utile pour faire face à ce genre de situation, elle peut avoir des effets pervers lorsqu'elle s'accumule en trop grande quantité dans l'organisme.

L'excès d'adrénaline

L'excès d'adrénaline peut être à l'origine de nombreux problèmes physiques : hypertension, palpitations et autres troubles du rythme cardiaque, ulcères, constipation, raideurs et tensions musculaires… Il accélère également la coagulation du sang, ce qui favorise l'apparition de caillots. En bouchant une artère, ces caillots peuvent être à l'origine d'accidents cardiaques (infarctus) ou d'accidents vasculaires cérébraux, dont les conséquences peuvent être dramatiques (paralysie).

La cortisone et l'endorphine

Lorsque le stress se prolonge trop longtemps et que l'organisme commence à manquer de réserve, l'hypothalamus active les glandes surrénales pour produire des hormones, comme la cortisone et les endorphines, qui sont spécialement adaptées pour faire face aux situations émotionnelles de longue durée. La mission de ces deux hormones consiste à extraire de nouvelles sources d'énergie dans l'organisme pour remplacer celles qui ont été brûlées sous l'effet de l'adrénaline. Mais ce qui est bénéfique dans un premier temps peut devenir pernicieux sur la durée.

La cortisone

La cortisone sert à calmer les réactions inflammatoires produites par le stress et certaines émotions désagréables. Cependant, cette hormone devient un véritable poison lorsque les émotions durent trop longtemps.

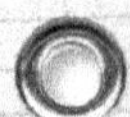

L'excès de cortisone

L'excès de cortisone augmente le taux d'acide urique à l'origine des rhumatismes, favorise les rétentions d'eau et de sodium dans les tissus, ainsi que l'hypertension, et aggrave les risques de diabète. Plus généralement, il fait baisser les défenses immunitaires en diminuant notamment le nombre de globules blancs, ce qui ouvre la porte à un grand nombre d'affections plus ou moins graves (rhumes, grippes, infections diverses, etc.). Les glandes surrénales peuvent fonctionner pendant des jours et des jours. Mais lorsqu'elles sont trop sollicitées, elles finissent par s'épuiser, ce qui provoque une dégradation de la peau, l'apparition de rides et un affaiblissement général des muscles, sans oublier des douleurs dans le dos, ainsi qu'une baisse plus ou moins importante de l'activité psychique et sexuelle.

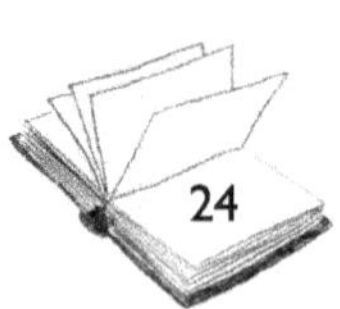

L'endorphine

L'endorphine est une substance chimique comparable à la morphine, à cela près qu'il n'est pas nécessaire d'aller voir un pharmacien ou un dealer pour s'en procurer, car elle est fabriquée par l'hypophyse, une petite glande située au milieu du cerveau. La mission des endorphines est identique à celle de la morphine artificielle : diminuer ou faire disparaître la douleur provoquée par une blessure ou par un traumatisme. C'est grâce à un énorme afflux d'endorphine que l'on peut voir par exemple des personnes gravement blessées ou brûlées parvenir à se traîner hors de leur véhicule en feu.

Chez les singes

Des vétérinaires ont constaté que si les singes se font épouiller, ce n'est pas tellement parce qu'ils ont des parasites, mais pour profiter d'un afflux d'endorphine qui se produit à chaque fois qu'on leur tire un poil. Lorsqu'on observe un singe dominant s'allonger en écartant bras et jambes pour se faire épouiller, on voit immédiatement un singe dominé s'approcher pour procéder à l'opération. Quelque temps plus tard, le singe dominant est affalé sur le sol, complètement « shooté » par les effets de l'endorphine. Pendant ce temps, le singe dominé, celui qui a pratiqué l'épouillage, profite de l'« état second » de son supérieur pour chaparder un fruit ou pour saillir une femelle, activités que le dominant lui aurait interdites s'il avait été pleinement conscient.

C'est en pinçant régulièrement et légèrement la queue d'un rat de laboratoire que des chercheurs ont pu révéler que la répétition d'un petit stress ou d'une peur régulière suffit à lui faire produire cette morphine naturelle qui calme la douleur.

Le cycle naturel des émotions

Les émotions de colère ou de peur correspondent à une réaction de l'organisme, qui cherche à mobiliser ses réserves d'énergie pour faire face à un challenge, à un danger ou à une menace extérieure. Cette réaction passe par différentes phases en suivant un ordre précis et immuable. À chaque fois que vous ressentez une émotion, et indépendamment de sa puissance, les étapes sont toujours les mêmes : charge, tension, décharge et récupération.

Au début du cycle, ce qu'on appelle la *charge* est un signal qui vous interpelle à travers l'un de vos cinq sens ou encore une pensée, une émotion ou un souvenir. La charge est une agression extérieure positive ou négative (le terme agression doit être pris ici dans le sens de « quelque chose qui m'atteint sans que je l'aie recherché »). En réponse à cette alerte, l'organisme se mobilise en sécrétant de l'adrénaline et en stimulant le système neveux orthosympathique pour aug-

menter le tonus musculaire et le rythme cardio-respiratoire. C'est tout ce processus physico-chimique qu'on appelle la *tension*. Si le signal est important et persiste dans le temps, la tension va s'accumuler et s'amplifier jusqu'à ce que quelque chose finisse par éclater : ce paroxysme est appelé *décharge*. Ces explosions de colère, d'exultation, de larmes ou d'angoisse représentent des dépenses d'énergie qui nécessitent une phase de *récupération* pour permettre à l'organisme de se soigner, de se reposer et de reprendre des forces.

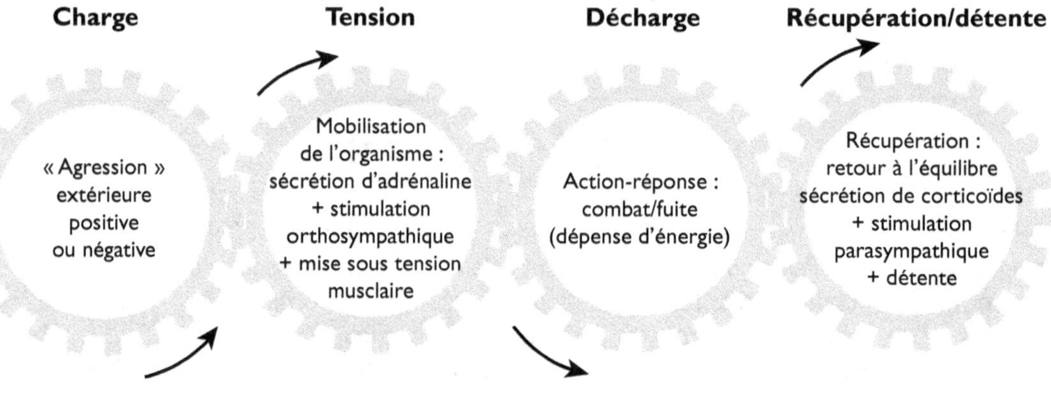

Le cycle naturel de l'émotion

Exemple de cycles

Quand quelqu'un vous énerve et vous nargue pendant un certain temps, cela vous agace de plus en plus, jusqu'au moment où, n'y tenant plus, vous explosez de colère.

Lorsque quelque chose vous attriste et que vous n'arrêtez pas d'y penser, votre chagrin va monter, monter, monter, jusqu'à ce que vous éclatiez en sanglots.

Les joueurs ou les sportifs connaissent très bien eux aussi cette montée de tension qui se développe au cours du jeu et qui culmine avant de disparaître à la fin de la partie.

Les relations sexuelles, lorsqu'elles sont menées correctement à leur terme, sont un exemple très plaisant de cycle émotionnel complet.

Lorsque la charge extérieure continue de vous mettre sans cesse en alerte, empêchant ainsi toute période de récupération, les phases de tension et de décharge s'empilent les unes sur les autres, devenant à chaque fois un peu plus lourdes à porter pour votre organisme. C'est cet empilement qui est à l'origine des émotions de longue durée, dont les conséquences peuvent finir par devenir terriblement destructrices, pour ne pas dire mortelles.

Les émotions de longue durée (ELD)

Il y a des situations qui durent des jours, des semaines, des mois ou des années et dont on n'est pas forcément toujours bien conscient : conflit familial inextricable, rapports professionnels déplaisants ou humiliants, difficultés financières insolubles, angoisses, phobies, dépression… Indépendamment de leur thème, ces difficultés maintiennent le corps et l'esprit en état d'alerte permanent. C'est ce qu'on appelle des émotions de longue durée (ELD).

Les ELD correspondent aux situations dans lesquelles vous ne pouvez ni combattre ni fuir. Elles apparaissent quand vous êtes confronté à une situation que vous vous croyez incapable de résoudre. Les émotions de chagrin, de tristesse ou de désespoir sont souvent liées à une perte et génèrent des émotions de longue durée plus ou moins intenses. Le découragement, le défaitisme et les pensées négatives vous sapent le moral en vous faisant voir la vie en noir. L'angoisse ou la dépression apparaissent quand vous subissez la tyrannie d'un proche, d'un parent, d'un collègue ou d'un supérieur et que vous ne savez comment y répondre. Vous pouvez avoir envie d'étrangler ceux qui vous font souffrir, mais les contraintes sociales vous interdisent de le faire et vous empêchent également de les fuir. Le harcèlement sexuel ou moral, l'hostilité dissimulée ou la violence conjugale sont de très bons exemples de ce genre de situations. Ce sont des situations dramatiques à l'intérieur desquelles les victimes se sentent complètement impuissantes.

Les individus atteints par ce genre d'émotions sont caractérisés par une grande difficulté à agir. Ils sont toujours fatigués et ont tendance à se laisser aller, à somnoler, à tourner en rond ou à ne rien faire. On les accuse souvent de paresse, alors qu'en réalité, ils souffrent d'une ELD qu'ils ont tendance à cacher aux autres et à refouler au fond d'eux-mêmes. Ces refoulements génèrent une grande tension physique qui se traduit souvent par des douleurs articulaires et musculaires, dont la plus courante est le mal de dos.

Le cycle avorté des ELD

La tension provoquée par une ELD amène le corps à être constamment sur le qui-vive, en état de guerre. À cause de la présence continuelle de cette émotion, le corps est obligé de fabriquer de l'adrénaline, de la cortisone et des endorphines à jet continu. C'est une réponse mécanique qui continuera aussi longtemps que le danger sera présent.

Cette mobilisation ininterrompue des ressources est un cercle vicieux épuisant qui ne laisse aucun répit à l'organisme pour se reposer et reprendre des forces. Sans la phase finale de repos et de récupération, le cycle naturel de l'émotion (charge, tension, décharge, récupération) se pervertit pour devenir le cycle avorté des émotions de longue durée, qui se répète à l'infini jusqu'à complet épuisement.

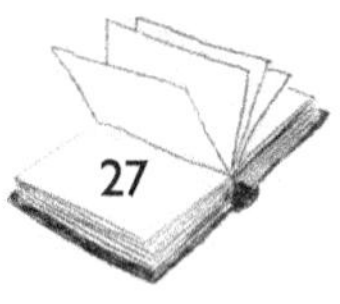

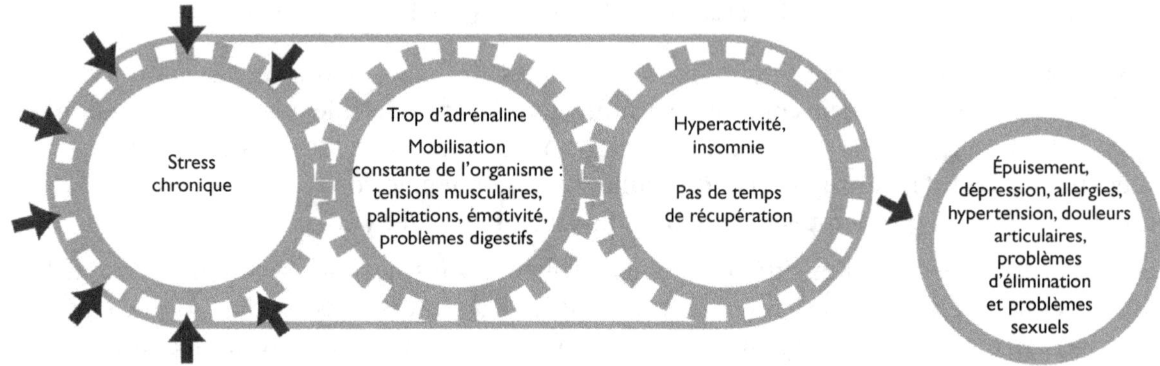

Le cycle avorté des émotions de longue durée

Les dégâts collatéraux des ELD

En fonction de votre histoire et de votre hérédité, le poids qu'une ELD fait peser sur votre organisme finit par faire céder l'un ou l'autre de vos organes les plus fragiles. C'est ainsi qu'une émotion de longue durée peut favoriser l'apparition de troubles cardio-vasculaires chez l'un et de troubles digestifs, gynécologiques ou urinaires chez un autre. Elle peut également ouvrir la porte à des maladies de peau, à des cancers ou à des dépressions…

Nous avons vu ci-dessus les conséquences physiques d'un excès de cortisone ou d'adrénaline. À force de produire toutes ces hormones, vos glandes surrénales n'ont plus les moyens de remplir leurs autres missions, et notamment celles qui correspondent à la reconstitution des réserves. Sous l'action d'une ELD, les muscles s'affaiblissent, d'où une posture de plus en plus avachie et l'apparition de douleurs lombaires de plus en plus importantes (80 % des Français souffrent ou ont souffert d'un mal de dos).

Accro à l'ELD

Quand vous vivez une émotion de longue durée comme la colère, la haine, la tristesse ou la déprime, vous êtes obsédé par ce qui vous arrive. Vous y pensez sans arrêt, vous cherchez à refaire l'histoire, à imaginer une solution pour vous en sortir ou un moyen de contre-attaquer… Mais plus vous cherchez, et moins vous trouvez. Vous n'arrivez pas à sortir de cette souffrance et vous vous enfoncez dans un mal-être de plus en plus lourd et pesant. Pourquoi agissez-vous ainsi ? Êtes-vous masochiste ? Cherchez-vous à vous punir de quelque chose ? Êtes-vous fait ainsi ? La réponse tient en peu de mots : vous êtes désormais drogué à l'ELD. Votre corps, épuisé par la vie que vous lui faites subir, a pris goût à ces hormones qui lui donnent un coup de fouet. Il ne peut plus se passer de ces drogues qu'il fabrique et s'injecte lui-même.

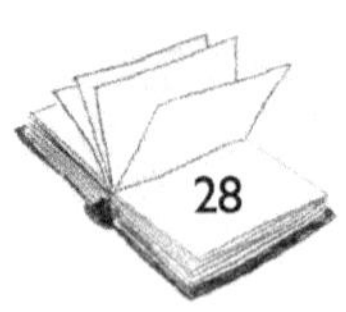

De la même manière que certains ont besoin d'un café noir très serré, d'un verre d'alcool ou d'une cigarette pour se mettre en train, d'autres ne peuvent se passer des effets stimulants de l'adrénaline et des morphines générées par une émotion de longue durée.

À chaque fois que vous subissez un stress, même léger, mais qui se répète et qui dure, vous êtes victime d'une ELD. Quelles que soient la nature et l'origine de cette situation, votre organisme répond toujours de la même manière en produisant de l'adrénaline, de la cortisone et des endorphines. L'effet de ces hormones est tellement puissant que, lorsque le stress se prolonge dans le temps, certains individus en deviennent dépendants. Comme tous les drogués, ils risquent alors d'être sujets au manque.

Le manque est un stress interne qui « oblige » l'individu à rechercher sa dose de drogue. Par leur simple présence, les ELD obligent le corps à envoyer régulièrement de nouvelles décharges d'adrénaline ou de morphine. L'accumulation de ces hormones crée une satisfaction, mais aussi un nouveau stress, un nouveau mal-être, auquel l'organisme va réagir toujours de la même manière en fabriquant et en s'injectant à nouveau de l'adrénaline, de la cortisone ou des endorphines. Le piège est en place…

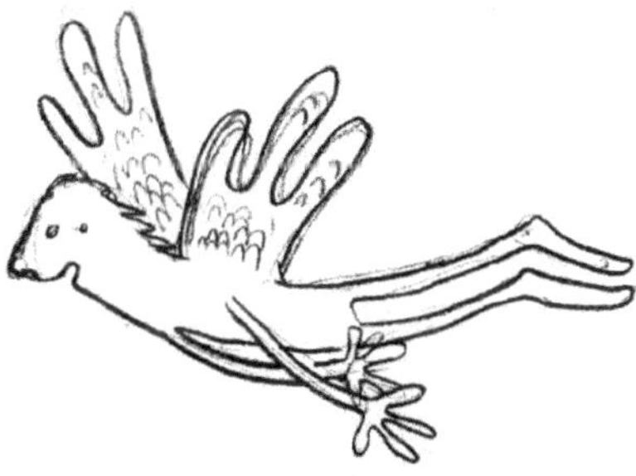

Les drogués à l'ELD sont sans cesse à la recherche de nouvelles émotions. Il leur faut toujours des sujets de préoccupation, d'inquiétude, d'angoisse ou de conflit pour obtenir leur dose. S'ils ne trouvent pas de prétextes, ils en inventent. Certains sont même tellement drogués qu'ils en arrivent à s'angoisser à la simple idée de ne pas être angoissé : « Oh là là, je ne me sens pas angoissé ! C'est mauvais signe… Que va-t-il encore m'arriver aujourd'hui ? »

On devient très facilement drogué à l'ELD. Il suffit de mener une activité prenante pendant suffisamment de temps pour rencontrer le manque dès que l'on cesse cette activité. C'est ce qui arrive par exemple à l'étudiant qui finit sa thèse, à la jeune femme qui s'est donnée à fond pour préparer son mariage, à celui qui se retrouve brutalement au chômage, ou au jeune retraité qui avait un métier passionnant. Ces activités étaient génératrices de stress ; les endorphines s'accumulaient dans l'organisme. Mais lorsque l'activité pourvoyeuse de stress s'arrête, l'alimentation en hormones cesse aussi, et le manque de nouvelles hormones fait son apparition. Ce manque, ajouté à l'usure physique créée par l'ELD, entraîne cette sorte de dépression qui se manifeste dès qu'on arrête ou qu'on termine quelque chose. Le baby blues qui suit l'accouchement illustre parfaitement ce phénomène.

Sortir du piège de l'ELD

Si vous êtes confronté à un tel manque, votre réflexe est souvent de chercher une explication extérieure à ce qui vous oppresse au lieu d'attendre que l'excès d'hormones disparaisse et laisse la place à un nouveau bien-être. Pour casser ce cycle infernal, vous ne pouvez agir sur les symptômes du manque, ni sur le mal-être qui en découle. Mais il y a une chose que vous pouvez faire, c'est refuser de vous laisser entraîner dans la recherche ou dans la rumination d'une cause extérieure. Si, d'une manière ou d'une autre, vous êtes capable de faire cela, l'enchaînement dia-bolique de l'ELD sera automatiquement rompu. C'est ce qui arrive souvent au malade qui entend le médecin lui dire de quoi il souffre et ce qu'il doit faire pour guérir. Comme par miracle, et avant même d'avoir acheté les médicaments, il se sent déjà beaucoup mieux !

En refusant de penser comme d'habitude et en ne plongeant pas la tête la première dans le tourbillon de vos soucis habituels, vous pourrez rompre l'enchaînement fatal de n'importe quelle émotion de longue durée. Certes, vous allez ressentir encore un certain temps les malaises du manque. Mais en comprenant son origine et surtout en acceptant de ne pas chercher de fausses raisons pour prolonger l'émotion, votre souffrance va rapidement s'apaiser.

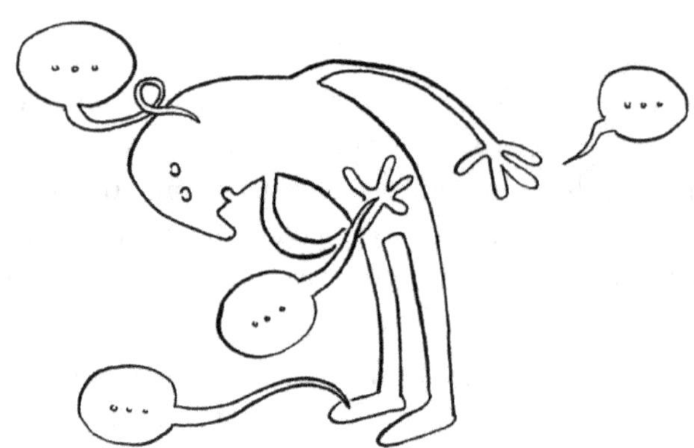

Chapitre 2

Calmer ses émotions

Le but de ce chapitre est de vous apprendre à prévenir et à calmer la plupart des émotions désagréables en mettant volontairement en route le réflexe détente qui est la conclusion normale d'un cycle émotionnel (voir chapitre 1, « Le cycle naturel des émotions »).

Ce réflexe est, comme son nom l'indique, extrêmement plaisant. Il ralentit le rythme cardiaque et apaise la respiration. Il favorise une agréable détente musculaire, remet en route les fonctions digestives et éliminatoires qui avaient été bloquées par le stress et permet le retour à une température et à une vigilance normales. Lorsque ce réflexe ne peut s'établir, la tension persiste et entraîne à la longue l'apparition d'émotions de longue durée.

Voici plusieurs techniques que vous pourrez utiliser à votre guise pour abréger une situation de stress grâce au déclenchement volontaire du fameux réflexe détente.

Émotions et respiration

Les émotions influencent la respiration, tout comme la respiration influence les émotions. Plus vous êtes stressé, inquiet, anxieux ou angoissé, plus votre respiration est courte et rapide.

Une personne accablée de chagrin est ainsi totalement crispée. Elle respire en hoquetant de manière saccadée. On dirait en la voyant qu'elle ne respire qu'avec ses épaules, qui tressautent au rythme de ses sanglots. C'est l'exemple même d'une respiration haute poussée à son paroxysme. À l'inverse, une personne calme et détendue présente une respiration lente et paisible.

La respiration est le seul et unique système du corps humain qui fonctionne aussi bien de manière automatique que de manière totalement contrôlée. C'est aussi la seule fonction vitale que l'homme peut facilement maîtriser. Elle représente à la fois une porte d'entrée pour calmer les réactions d'un corps qui s'emballe et un formidable outil de détente. Contrôler sa respiration, c'est donc être capable de gérer son stress et de contrôler son état émotionnel.

Il existe trois types de respiration.

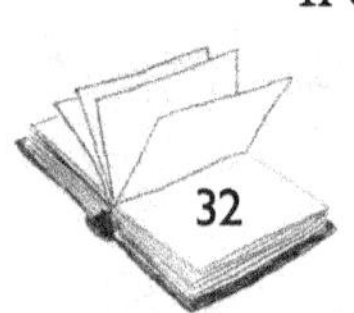

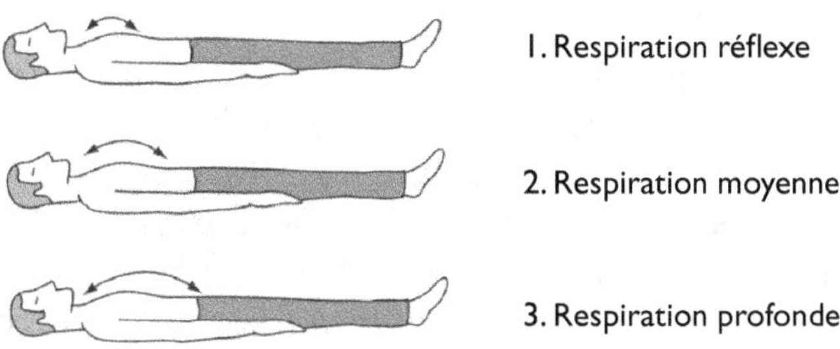

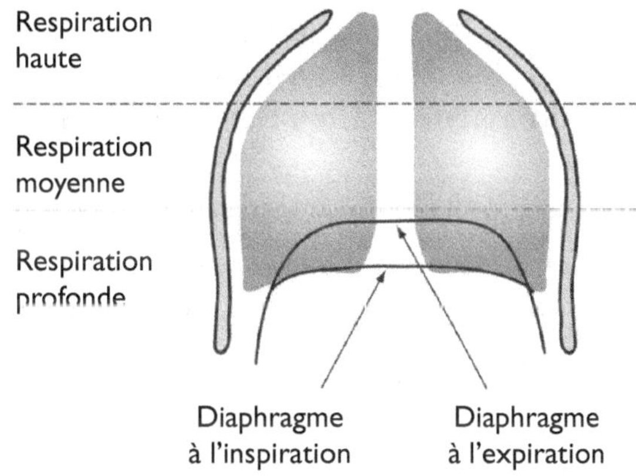

Les trois types de respiration

La respiration haute ou respiration réflexe

La plupart du temps, vous respirez sans vous en rendre compte : c'est ce qu'on appelle la respiration réflexe ou subconsciente, qui vous apporte un minimum d'oxygène pour vivre. Cette respiration de faible amplitude ne mobilise que la petite partie supérieure des poumons.

Cette respiration haute est la respiration des gens stressés. C'est la plus générale, la plus répandue et malheureusement aussi la moins rentable : elle ne laisse entrer qu'un seul petit litre d'air dans les poumons, ce qui représente à peine un quart de leurs possibilités. Avec un si faible apport, le sang n'est pas assez oxygéné et ne peut pas bien répondre aux besoins physiques et intellectuels de l'organisme. Si vous respirez de la sorte, vous vous fatiguez facilement et vous vous essoufflez dès qu'il y a un effort physique à fournir.

La respiration moyenne

La respiration moyenne, qui ne gonfle que le torse, utilise près de la moitié des capacités pulmonaires. En venant s'ajouter à la respiration haute, elle exploite toute la poitrine, ce qui augmente d'autant l'air inspiré et la quantité de sang oxygéné. Vous respirez de cette manière lorsque vous avez un effort à fournir, ou pour mieux récupérer. Cette respiration fait gonfler la poitrine un peu plus que d'habitude et apporte un peu de détente : c'est par exemple le gros soupir poussé après avoir compris quelque chose ou après avoir bien travaillé. Grâce à ce type de respiration, vous vous rechargez en oxygène pour vous redonner de l'énergie.

La respiration basse ou respiration profonde

La respiration profonde est la seule qui soit volontaire. Elle mobilise l'ensemble des capacités pulmonaires. Pour la pratiquer, il ne faut plus respirer avec le thorax comme vous le faites habituellement, mais en gonflant et en dégonflant le ventre. Vous mettez ainsi naturellement en route le système nerveux parasympathique qui est le frein des émotions. Cette respiration profonde, abdominale, consciente et volontaire suffit à calmer les états émotionnels désagréables dès que le besoin se fait sentir.

Cette respiration basse ou abdominale se fait sans effort. Naturelle, elle est la clef de la régulation physiologique et mentale de l'organisme. Elle repose essentiellement sur le contrôle du diaphragme, qu'elle tonifie et assouplit. Elle exerce également un massage naturel des organes vitaux contenus dans l'abdomen.

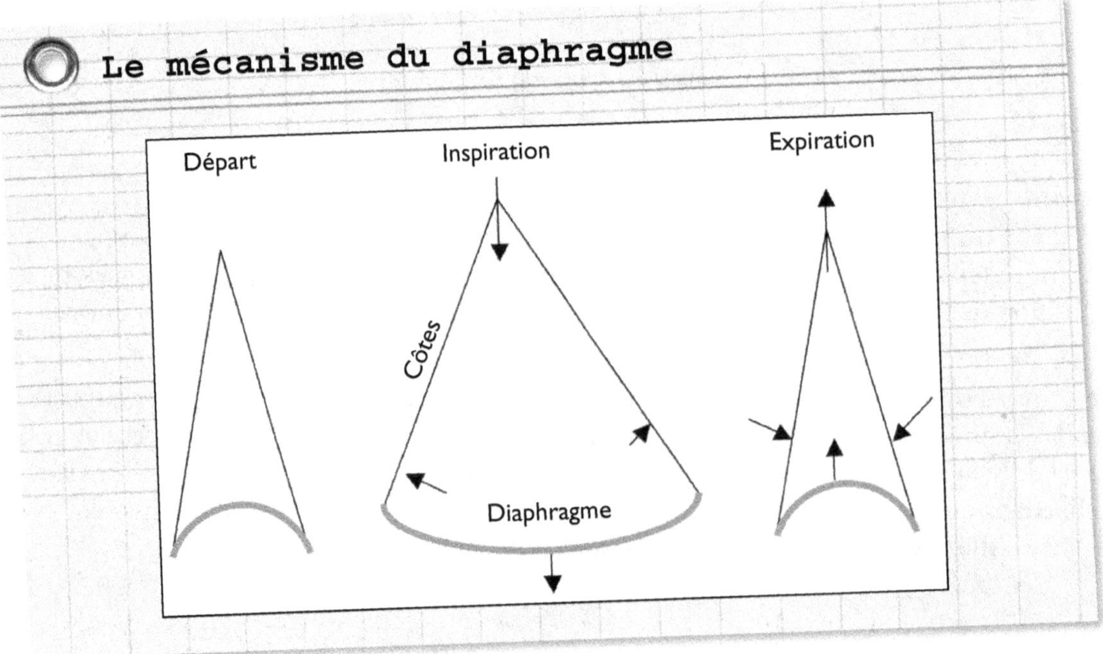

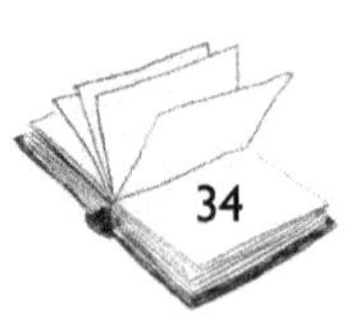

Le mécanisme du diaphragme (suite)

Pour comprendre le fonctionnement du diaphragme, ce muscle horizontal qui sépare les poumons enfermés dans la cage thoracique de l'abdomen (qui contient l'estomac et les intestins), observons le croquis ci-dessus.
– À la fin d'une expiration et avant de commencer à inspirer, le diaphragme est en position haute.
– À l'inspiration, il s'abaisse et pousse l'abdomen vers l'extérieur. Le ventre se gonfle et ressort. Les côtes sont repoussées vers l'extérieur. Le résultat de cette ouverture de la cage thoracique est que les poumons se gonflent d'air. Si l'on compare la cage thoracique à une pompe à vélo, l'inspiration revient à tirer sur la poignée de la pompe pour la remplir d'air.
– À l'expiration, le diaphragme remonte vers le haut. Cela fait rentrer le ventre et tire les côtes les unes vers les autres. On pousse sur la poignée de la pompe à vélo pour faire sortir l'air qu'on y avait fait entrer. À la fin de l'inspiration, le diaphragme est à nouveau en position haute, et il n'y a plus d'air dans les poumons.

Exercice : pratiquer la respiration abdominale

Choisissez un moment de calme et, confortablement allongé au sol, posez une main sur votre ventre pour sentir comment celle-ci se soulève à chaque inspiration et s'abaisse à chaque expiration. Continuez cet exercice en étant bien conscient de la manière dont votre diaphragme se tend et se détend sans effort. Votre ventre se gonfle et se dégonfle de manière complètement naturelle. Posez votre autre main sur votre poitrine et observez qu'avec la respiration abdominale consciente, votre poitrine reste immobile. Notez enfin comment le calme s'installe progressivement en vous au fur et à mesure que vous respirez de cette manière.

Émotions et relaxation

Quand vous êtes légèrement stressé, il vous suffit de respirer avec ce genre de respiration pour vous détendre et retrouver votre calme. Mais si vous êtes victime d'une émotion particulièrement forte ou sous le coup d'une ELD (émotion de longue durée), quelques respirations profondes ne suffiront pas. Avant de parvenir à la détente, il vous faudra aller un peu plus loin en

35

inspectant mentalement votre corps de la tête aux pieds pour dénouer une à une toutes les zones contractées. Cet exercice très facile à faire ne demande rien d'autre qu'une chaise et un peu d'entraînement. Il permet de mettre en route le système parasympathique pour se déstresser en s'installant volontairement dans le calme et la détente.

Technique de relaxation

Mettez-vous dans un endroit paisible où vous serez certain de ne pas être dérangé. Demandez éventuellement que personne ne vienne vous interrompre et pensez à débrancher votre téléphone. Puis, si vous le pouvez, commencez à respirer calmement en gonflant et en dégonflant le ventre. Tout en continuant à respirer tranquillement et sans effort, prenez le temps d'observer durant une minute ou deux l'endroit où vous êtes. N'omettez pas cette étape sous prétexte que vous connaissez bien la pièce où vous vous trouvez. Au contraire, regardez la couleur du plafond, ce qu'il y a sur les murs, observez les objets, les éléments de décoration, le sol, les détails des meubles et tout ce sur quoi votre regard pourra se poser. *Cette première partie de l'exercice a pour but de vous sortir de vos préoccupations pour vous permettre ensuite d'entrer plus facilement dans le calme et la détente que vous voulez créer.* Maintenant, et si ce n'est déjà fait, asseyez-vous sur une chaise dans une position confortable que vous pourrez modifier à tout moment si vous en avez envie. Lorsque vous connaîtrez bien la technique, vous pourrez fermer les yeux pour faire la suite de l'exercice. Mais pour l'instant, continuez à respirer tranquillement et sans effort, au rythme de votre ventre qui se gonfle et se dégonfle comme un ballon. Puis soyez attentif aux différents points de contact de votre corps avec le siège sur lequel vous êtes assis. Ressentez les zones de pression sur les fesses, le haut des cuisses. Sentez comment votre dos est en contact avec le siège. Soyez attentif à la manière dont vos pieds s'appuient sur le sol. Continuez à respirer en gonflant et en dégonflant votre ventre, et portez votre attention sur votre visage. À chaque inspiration, vous êtes conscient d'une nouvelle zone de contraction et vous la laissez se détendre sur l'expiration suivante. Si par exemple vous sentez en inspirant que votre front est crispé, laissez-le se détendre sur l'expiration suivante. De la même manière et sur chaque inspiration/respiration, repérez et laissez partir les tensions du nez, des pommettes, de la bouche, du menton, des oreilles et du cuir chevelu. Observez l'état de votre langue. Décrispez-la et, s'il y a lieu, décollez-la du palais pour qu'elle puisse occuper agréablement l'espace disponible à l'intérieur de votre bouche. Desserrez les lèvres et détendez les muscles de votre mâchoire. Sur chaque inspiration, observez une nouvelle tension, et sur chaque expiration, laissez-la se dissoudre. Continuez à respirer avec le ventre, sans effort et laissez le calme entrer en vous.

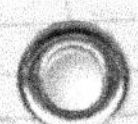 # Technique de relaxation *(suite)*

Après avoir détaillé les tensions du visage, prenez maintenant conscience de celles qui se trouvent dans votre nuque, de chaque côté du cou, sur la gorge. Toujours avec cette même respiration tranquille, détendez vos épaules, puis les différentes parties des membres supérieurs, avant d'arriver aux poignets et aux doigts que vous laissez se détendre un à un. Soyez également attentif aux sensations superficielles et/ou profondes qui viennent du thorax, de la poitrine, du dos… Toujours en respirant de la même manière, accueillez les sensations qui viennent de votre ventre. Ressentez les mouvements de votre paroi abdominale, l'amplitude de votre ventre qui se gonfle et se dégonfle tranquillement à chacune de vos respirations. Cette respiration basse vous est maintenant de plus en plus naturelle et vous permet de prendre conscience et de détendre les muscles de votre dos, de vos omoplates, jusqu'au creux de vos reins. Détendez ensuite vos muscles fessiers, ceux de l'anus, ainsi que ceux des organes sexuels. Profitez de cette détente qui s'installe profondément en vous pour libérer les muscles de vos cuisses. Puis, toujours sur ce même rythme de respiration lent, profond et sans effort, détendez les muscles de vos mollets et ceux de vos pieds jusqu'au bout de chaque orteil.

Continuez à respirer en gonflant et en dégonflant tranquillement votre ventre. À l'inspiration, sentez l'air frais qui passe par vos narines et qui descend ensuite tout au fond de vos poumons. À l'expiration, sentez l'air chaud qui fait le chemin inverse pour ressortir par votre nez ou par votre bouche.

Profitez de cet instant de calme et de détente pour ressentir votre corps dans sa globalité. Soyez attentif à votre degré de vigilance, ainsi qu'à la manière dont vous accueillez tout ce qui se passe autour de vous et en vous. Dans ces moments-là, il arrive souvent que les réponses à apporter à certaines préoccupations apparaissent de manière claire et évidente.

Maintenant, il faut songer à sortir de cet exercice. Pour revenir agréablement dans la vie de tous les jours, votre respiration va devoir changer. Faites plusieurs grandes inspirations en gonflant non seulement le ventre, mais aussi la poitrine, et dégonflez bien le tout avant de recommencer cette respiration large et complète trois ou quatre fois de suite. Puis, toujours en respirant amplement, bougez maintenant vos orteils, vos pieds, vos doigts, vos mains, les muscles de votre visage, vos bras, et enfin tout votre corps. Étirez-vous en douceur et bâillez si l'envie vous en prend. Revenez à une respiration normale et, quand vous le souhaitez, ouvrez les yeux sur le monde qui vous entoure, ainsi que sur le calme et sur cette nouvelle détente qui maintenant vous habite et qui vous fera voir le monde autrement (sauf bien sûr si vous replongez immédiatement dans vos anciennes pensées négatives).

Ce genre de relaxation permet de sortir de ses émotions désagréables et de se nettoyer l'esprit. En envisageant le problème ou les événements sous un autre angle que celui dicté par vos émotions désagréables, vous êtes beaucoup plus à même de découvrir de nouvelles solutions ou de saisir certaines opportunités.

Émotions et activité physique

Quand vous déprimez ou si vous vous trouvez dans une ELD, vous êtes triste, vous n'avez pas le moral, vous avez tendance à vous recroqueviller sur vous-même et vous ne faites rien d'autre que penser inutilement à ce qui vous préoccupe. Mais en vous comportant ainsi, vous vous enfoncez de plus en plus dans votre mal-être et voyez de moins en moins comment vous en sortir. Il existe pourtant un moyen très simple à mettre en œuvre pour sortir de ces émotions et retrouver le moral ou la joie de vivre. Il suffit d'activer le système parasympathique grâce à une activité physique légère et régulière comme la marche rapide ou le trottinement.

Marcher vite ou trottiner

Attention, trottiner ne signifie pas courir ! Le trottinement est une sorte de jogging lent, qui consiste à faire des petits pas rapides en posant normalement les pieds au sol et en se tenant naturellement droit. Durant cet exercice, vous ne devez jamais ressentir de douleurs ni de fatigue. Si vous trottinez à plusieurs, vous devez pouvoir parler sans vous essouffler.

Tout le monde peut trottiner. Cela ne demande pas d'avoir une condition physique particulière, ni d'avoir déjà pratiqué un sport. Mais il n'est pas facile de bouger quand on n'a pas le moral ou quand on est désespéré. C'est pourquoi il est important de bien comprendre les bases du mécanisme si vous voulez pouvoir vous en servir pour lutter contre les déprimes et les émotions de peur, d'angoisse ou d'anxiété. Un des premiers avantages du trottinement est que moins vous avez l'habitude de bouger, et plus vous retirerez de bienfaits de cet exercice. Une pratique régulière d'environ vingt minutes trois fois par semaine suffit à mettre en route le système parasympathique pour lui faire produire les hormones, parfaitement légales et gratuites, du plaisir, de la détente et du bien-être.

Trottiner sans se décourager

Si vous vous décidez à trottiner après des années d'inactivité, commencez par des séances courtes de marche rapide ou fixez-vous des objectifs très raisonnables. En effet, le principal danger est alors de se fixer des objectifs trop ambitieux, qui conduisent la plupart du temps à l'échec. Le meilleur moyen pour trottiner sans se décourager consiste donc à se fixer comme objectif de faire ce que vous pouvez le premier jour, et ensuite, de considérer que vous avez réussi dès que vous avez effectué la moitié de ce que vous avez fait la veille. Cette manière de procéder peut paraître surprenante, mais le système a fait ses preuves.

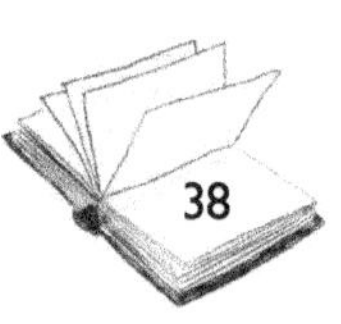

En pratique

Si vous trottinez dix minutes aujourd'hui, votre objectif de réussite pour le lendemain sera seulement de cinq minutes. Le jour suivant, dès que vous aurez dépassé les cinq minutes fixées la veille, vous pourrez vous féliciter d'avoir atteint votre objectif. Bien sûr, si vous vous sentez en forme, vous pouvez continuer à trottiner. Et si finalement vous trottinez ce jour-là pendant seize minutes, le challenge pour le lendemain sera toujours la moitié de ce que vous venez de faire, soit huit minutes.

Cette manière de procéder élimine la notion d'échec, car elle permet de réajuster naturellement les objectifs en fonction des résultats obtenus. Si un jour vous courez moins que la veille, ce n'est pas un drame, car l'objectif du lendemain sera toujours la moitié de ce que vous viendrez de courir.

Les bienfaits du trottinement

Ceux qui font beaucoup de jogging savent combien leurs soucis disparaissent après vingt à trente minutes de course. Et cela continue même en dehors du sport. Les endorphines induites par l'exercice physique amènent à ressentir de plus en plus les petits bonheurs quotidiens. C'est le processus exactement inverse de celui de la déprime, lorsque vous vous concentrez sur ce qui ne va pas (moins vous en faites, et moins vous avez envie d'en faire). Le trottinement endigue le flot incessant des idées noires, pessimistes ou dévalorisantes, qui tournent parfois inlassablement dans votre tête. Très rapidement, en plus d'avoir la satisfaction d'atteindre vos objectifs, vous vous sentirez mieux, vous dormirez mieux, vous aurez plus d'énergie et vous ruminerez moins vos problèmes.

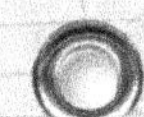 ## Quelques conseils avant de partir

Si vous n'avez pas fait de sport depuis longtemps ou si vous vous sentez un peu trop empâté, la reprise peut sembler laborieuse. Pourtant, l'exercice ne sera pas difficile si vous respectez certaines règles de bon sens :
– Pour vous réhabituer à bouger, commencez par marcher tous les jours de plus en plus rapidement et de plus en plus longtemps sans faire de grandes enjambées. Surtout, appliquez à la lettre la règle des objectifs raisonnables expliquée précédemment.

 **Quelques conseils avant de partir** *(suite)*

– Lorsque vous commencez à trottiner, vous pouvez avoir un peu mal aux jambes. Dans ce cas, mieux vaut ne pas forcer et arrêter avant que la douleur ne devienne trop forte. Si vous avez quelques courbatures le lendemain, c'est bon signe. Il vous suffira de marcher tranquillement quelques minutes pour en éliminer la cause (c'est ce que font les sportifs professionnels les lendemains de compétition).

– Il peut arriver que vous vous sentiez un peu essoufflé durant les premières minutes de votre exercice physique. C'est normal, votre corps se met en route. Ralentissez alors et continuez votre effort en attendant de retrouver le « deuxième souffle » (voir plus loin).

– Si, pendant l'exercice, vos préoccupations vous reviennent à l'esprit, concentrez-vous sur votre respiration, sur le rythme de vos pas ou sur votre position, vos idées noires s'évanouiront sans plus d'effort.

– Si la détente apparaît relativement vite, les hormones du stress demandent parfois un certain temps avant de disparaître complètement. Si une émotion ressurgit sans raison apparente, inutile de vous inquiéter ou de faire de l'introspection pour chercher ce qui peut clocher en vous, cela ne ferait que relancer un nouveau cycle de stress. Continuez à trottiner en attendant patiemment que les substances chimiques du stress qui circulent encore dans votre corps soient complètement éliminées, et remplacées par celles du bien-être, de la détente et du plaisir.

Le deuxième souffle

Quand vous fournissez un effort physique, votre corps utilise deux types de « motorisations » :

- le premier « moteur » fonctionne à l'influx nerveux et sans oxygène. Ce moteur, qu'on appelle anaérobique, est très rapide et très puissant, mais s'épuise rapidement. Il est utilisé pour les efforts très brefs et violents ;

- le deuxième « moteur » fonctionne à l'oxygène. On dit qu'il est aérobique. Il démarre lentement et avec moins de puissance que le premier, mais a l'énorme avantage de pouvoir fonctionner très longtemps.

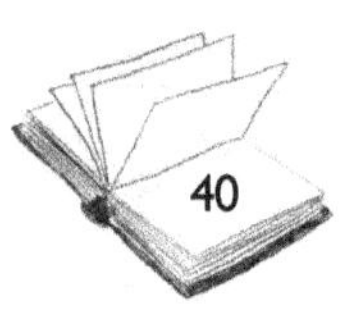

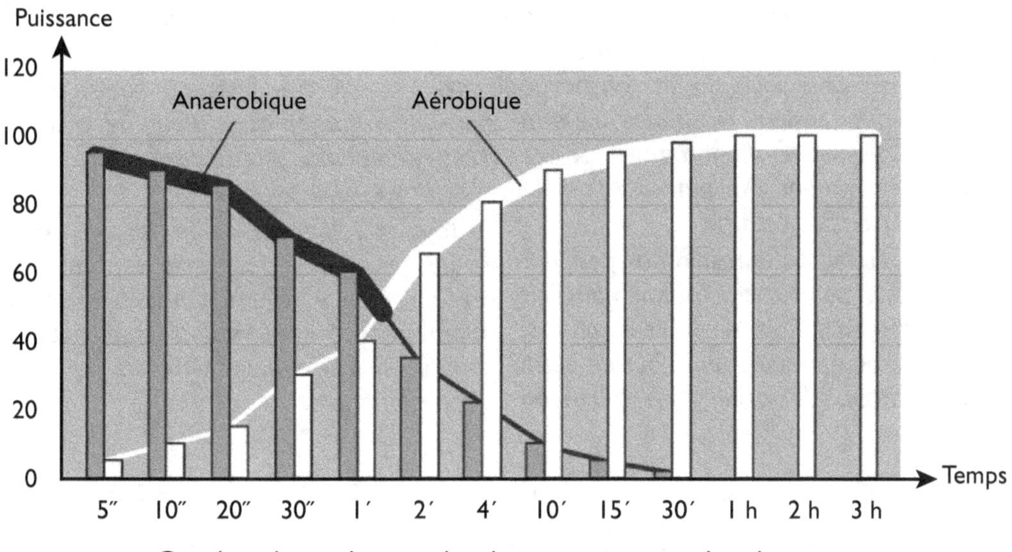

Courbes de rendement des deux « moteurs » dans le temps

Comme le montre le graphique, il y a une perte de puissance qui apparaît après les trente premières secondes d'un effort. Cette baisse de puissance se prolonge jusqu'aux environs de la troisième ou quatrième minute. Ce creux, qui dure entre deux et trois minutes, est le moment le plus difficile à passer, celui qui incite à abandonner. On comprend pourquoi les épreuves de 400 mètres ou de 800 mètres sont parmi les courses les plus difficiles, car leur durée se trouve précisément dans ces limites de temps. Pourtant, il suffit de ralentir légèrement sa vitesse ou son rythme de trottinement pour compenser cette perte d'énergie. En ajustant votre effort à la quantité d'énergie disponible, vous finirez par retrouver votre deuxième souffle, c'est-à-dire la puissance du moteur physiologique aérobique. Repensez à cela la prochaine fois que vous irez trottiner, et la difficulté vous paraîtra plus maîtrisable !

Exercice : pratiquer le judo du stress

Cet exercice issu du yoga permet de traverser n'importe quelle forme de tension sans faire d'autre effort que celui de s'appuyer sur la force interne du stress. Il est utilisé pour traiter les crispations et les émotions qui serrent la gorge, mais c'est un outil tellement simple et efficace que nous n'hésitons pas à vous le présenter ici pour une utilisation plus générale.

Choisissez un endroit où vous pourrez vous allonger les bras le long du corps sans être dérangé. Dans une même inspiration, commencez par gonfler le ventre au maximum, puis continuez en gonflant également la poitrine. Inspirez le plus profondément possible pour emmagasiner le maximum d'air.

Tout en continuant à retenir votre souffle, contractez votre abdomen pour remonter le diaphragme le plus haut possible comme si vous poussiez l'air contenu dans vos

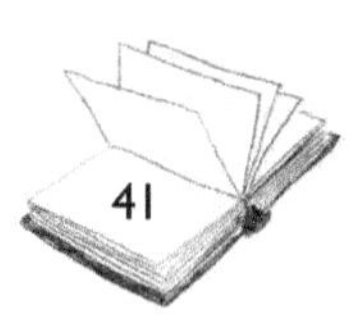

poumons jusque sous vos épaules. Cette étape est importante, car c'est un moyen de stimuler le nerf phrénique qui est en partie responsable des tensions ressenties dans la poitrine (il innerve le diaphragme). Si cet effort est légèrement douloureux, c'est la preuve que l'exercice est utile.

Maintenant, retenez votre respiration pendant cinq secondes… puis expirez brutalement l'air par la bouche en faisant du bruit comme si vous toussiez ou éternuiez au début de cette expiration forcée. Un « han » de bûcheron ou n'importe quelle autre onomatopée fera l'affaire.

Faites cet exercice trois ou quatre fois de suite, mais jamais plus pour ne pas créer d'hyperventilation. Appréciez la détente et la disparition du stress.

La tension volontaire créée par cet exercice englobe et dépasse les tensions inconscientes liées au stress. Ainsi amalgamées, les tensions volontaires et involontaires sont expulsées dans un même mouvement lors de la forte expiration finale.

Le cas particulier de la dépression saisonnière

Avec l'automne, les journées raccourcissent, il y a de moins en moins de soleil et 60 % des individus ressentent le « blues de l'hiver ». Curieusement, il y a deux fois plus de femmes que d'hommes touchés par ce trouble affectif saisonnier (TAS). Sous sa forme la plus grave, ce trouble atteint environ 4 % de la population. Ces derniers cas doivent d'ailleurs être impérativement traités par un médecin spécialisé.

Les troubles caractéristiques de cette dépression apparaissent tous les ans vers le mois d'octobre ou de novembre, avec souvent un pic au moment des fêtes de fin d'année, pour disparaître totalement vers mars-avril, dès que l'intensité lumineuse redevient suffisante pour faire fonctionner correctement l'épiphyse.

○ Les symptômes de la dépression saisonnière

– Tout d'abord, la personne ressent de la fatigue et de la lassitude. Elle manque d'entrain, de courage, de ressort ou de tonus. Son humeur est généralement maussade. Elle se sent déprimée, triste, cafardeuse. Elle fuit les autres, se renferme sur elle-même avec l'impression de n'arriver à rien ou de vivre dans l'échec. Ces symptômes apparaissent surtout le matin au réveil et sont présents ensuite tout au long de la journée.

– Dans 75 % des cas, la personne a tendance à dormir énormément (hypersomnie), mais ce sommeil souvent agité n'est pas du tout réparateur. Elle se réveille régulièrement dans la nuit et, le matin, elle ne se sent pas du tout reposée. Elle a tellement de difficultés à se lever qu'elle préférerait rester au lit et se rendormir. Elle traîne sa fatigue tout au long de la journée et somnole facilement.

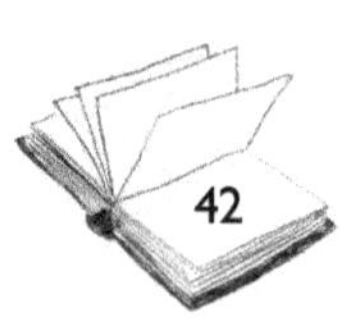

> ## Les symptômes de la dépression saisonnière (suite)
>
> – Sa vie a moins de goût. Elle n'a plus d'intérêt pour ce qu'elle fait. Même sa libido est souvent en berne. Au niveau alimentaire, elle a tendance à trop manger, surtout des féculents et des sucreries, ce qui entraîne une inévitable prise de poids.
> – Elle a de brusques sautes d'humeur, les nerfs à fleur de peau et s'irrite ou s'emporte facilement. Elle s'impatiente, s'agite, a du mal à rester calme et concentrée sur ce qu'elle fait.

Les causes de la dépression saisonnière

Si vous vous sentez à plat avec l'arrivée de l'automne, si vous êtes morose et moins efficace lorsque les jours raccourcissent, c'est à cause d'un dérèglement de votre horloge interne qui commande les périodes d'éveil et de sommeil. L'élément essentiel de cette horloge interne est une petite glande qui se trouve dans votre cerveau : la glande pinéale ou épiphyse. Cette glande produit un somnifère naturel (la mélatonine), dont la fabrication est lancée dès que vos pupilles enregistrent une baisse de luminosité. La lumière est donc en quelque sorte l'interrupteur optique de la glande pinéale qui commande l'endormissement.

À partir du mois d'octobre, l'intensité lumineuse baissant de plus en plus, l'épiphyse est amenée à produire toujours plus de mélatonine au fur et à mesure que les jours raccourcissent. Mais plus vous produisez de mélatonine, et moins vous produisez de sérotonine qui régule à la fois l'humeur, l'appétit, et jusqu'à la libido. Cette surproduction de mélatonine et cette sous-production de sérotonine entraînent un dérèglement de votre horloge interne, qui ne sait plus vous dire quand il faut être éveillé ni quand il faut dormir. Tout s'emmêle, les hormones se mélangent et vous font tomber dans la dépression saisonnière.

La luminothérapie

Une excellente solution pour faire face à ce stress automnal consiste à rechercher un maximum de lumière naturelle. Dès qu'il fait beau et même s'il fait froid, sortez profiter du moindre rayon de soleil. Vous pouvez aussi prendre exemple sur les populations du Grand Nord qui vivent six mois de l'année dans la nuit polaire et qui utilisent des lampes reproduisant la lumière solaire pour compenser le déficit lumineux. Ces lampes, disponibles dans le commerce, appartiennent à la catégorie des appareils électro-médicaux et sont encadrées par la directive européenne 93/42/EEC. Le traitement consiste à s'exposer régulièrement à cette lumière de forte intensité et à large diffusion. Utilisés de préférence le matin, ces bains de lumière arrêtent la sécrétion excessive de mélatonine et recalent progressivement votre horloge interne jusqu'à vous faire retrouver votre tonus comme si le printemps était revenu. Vous pouvez travailler ou lire votre journal à côté de ce genre d'éclairage, qui ne contient ni ultraviolets ni infrarouges.

Toute personne supportant la lumière du soleil peut utiliser sans risque une lampe de luminothérapie, car l'intensité lumineuse d'une telle lampe est certes importante, mais tout de même vingt-cinq fois moins puissante que celle du soleil. En plus de traiter les cas sévères de troubles affectifs saisonniers, la luminothérapie est également employée par la médecine pour les troubles du sommeil liés au travail de nuit ou pour ceux qui se réveillent top tôt. Elle est utilisée tout aussi efficacement pour traiter les décalages horaires des transports aériens.

 ## En pratique

– Attention, les éclairages très forts de type halogènes sont absolument déconseillés pour ce genre d'exposition, car ils produisent une grande quantité d'infrarouges et d'ultraviolets dangereux pour les yeux.

– Pour mériter la dénomination d'appareil de luminothérapie, un éclairage doit émettre au moins 2 500 lux à 40 centimètres et être classé comme tel par les normes européennes.

– Pour les cures de lumière, la dose recommandée par les spécialistes doit être comprise entre 2 500 lux et 10 000 lux par séance. La durée d'exposition sera fonction de l'éclairement. Par exemple, 30 minutes à 10 000 lux correspondent à 1 heure à 5 000 lux.

– La puissance d'éclairement est fonction de la distance à laquelle vous vous trouvez de la lampe. C'est ainsi qu'une lampe qui fournit 10 000 lux à 25 centimètres ne donnera plus que 5 000 lux à 50 centimètres, et 2 500 lux à 75 centimètres. Plus vous vous éloignez de la source lumineuse, plus la durée de la séance doit être allongée.

– Si vous débutez la cure dès l'apparition des symptômes, les résultats seront obtenus en quatre ou cinq jours. Il faut parfois compter en revanche jusqu'à deux ou trois semaines pour faire disparaître des symptômes déjà bien installés.

– La luminothérapie a fait ses preuves et s'avère efficace dans 80 % des cas. Si les symptômes persistent, consultez un médecin.

Quelques trucs et réflexions pour éviter le stress

Il y a mille et une façons de se sentir stressé, tout comme il y a mille et une façons de donner un nom à ses émotions. Les éléments suivants peuvent vous aider à empêcher le stress de s'installer ou à éviter que vos émotions ne prennent trop d'ampleur. À vous de découvrir parmi eux celui qui vous paraît être le plus adapté à votre personnalité et à votre situation !

La détente, c'est l'absence de tension

Cette lapalissade est riche de sens, car elle signifie que, pour retrouver calme et détente, il n'y a rien d'autre à faire que d'éliminer ses tensions. Rappelons qu'en anglais, le mot *stress* signifie pression, contrainte, agression, tension, charge, etc.

Même – et surtout – lorsque vous vous sentez bien, pensez à vous demander régulièrement si vous n'êtes pas inconsciemment en train de vous crisper. « Est-ce que je ne contracte pas inutilement mes épaules, mes bras ou mes mains sur le volant, devant l'ordinateur, sur le clavier, en manipulant la souris, ou n'importe quel autre outil de travail ? » La crispation est le début du stress. Toute tension engendre davantage de tension, comme le stress engendre toujours plus de stress. Pour vous détendre et éviter d'ouvrir la porte à des émotions désagréables, étirez régulièrement vos bras, vos jambes, votre colonne vertébrale, les muscles de votre nuque et ceux de votre visage. Faites ces exercices en douceur. Il ne s'agit pas de forcer ou de faire des concours de souplesse. L'objectif est de redonner de l'élasticité à ce qui se contractait inutilement. Si vous avez envie de bâiller en vous étirant, faites-le ! C'est le signe que la détente s'installe. Les tensions s'évacuent, vous retrouvez de l'énergie.

En pratiquant régulièrement ces assouplissements ou en pratiquant l'exercice de relaxation rapide (voir « Émotions et relaxation » au début de ce chapitre), vous éviterez bon nombre d'arthrites, d'arthroses et autres maux de dos qui touchent de plus en plus de monde, même les plus jeunes. Si vous pensez ne pas avoir assez de temps pour vous étirer et vous détendre de temps à autre dans la journée, alors prenez immédiatement une très bonne assurance-vie !

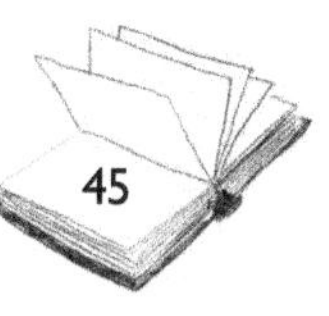

La valeur des petites choses

Certaines personnes pensent qu'une chose n'a de valeur que si elle est compliquée ou difficile à faire ou à obtenir. Par peur de rater cette chose soi-disant importante, elles se tendent, se crispent et se fatiguent inutilement. La tension physique ne sert à rien d'autre qu'à créer du stress. Or il y a des choses simples et agréables qui ont beaucoup de valeur. Ne les négligez pas sous prétexte qu'elles ne demandent pas d'effort ou qu'elles sont faciles à obtenir. L'écrivain Philippe Delerm, dans son livre intitulé *La Première Gorgée de bière et autres plaisirs minuscules* paru chez Gallimard en 2002 (voir aussi du même auteur *La Sieste assassinée*, Gallimard, 2005), donne de nombreux exemples de ces petites choses aisément accessibles qui éclairent et enrichissent la vie de celui qui sait les voir et les saisir.

Ce qui fatigue le plus

Ce n'est pas votre travail qui vous fatigue, ce sont vos émotions. Vous êtes bien plus fatigué par vos émotions que par n'importe quelle autre activité. Vos peurs, vos colères, votre anxiété, vos chagrins ou vos angoisses provoquent en vous des tensions nerveuses inimaginables. Faire l'autruche avec ses émotions, c'est se mentir à soi-même et ouvrir toutes grandes les portes aux tensions émotionnelles qu'on appelle aussi stress. C'est pourquoi il est important non pas de cacher ou de refouler vos émotions, mais de vous en occuper activement avec l'un ou l'autre des outils présentés dans cet ouvrage.

Les problèmes

Un problème n'est pas problématique en soi. Ce qui fait apparaître et exister un problème, c'est le manque de solution. Alors, dès que vous rencontrez un problème, cherchez le plus vite possible une solution à mettre en œuvre ! Cessez de vous apitoyer sur vous-même ou sur la difficulté qui vous déprime ou qui vous met en colère, et tentez de trouver ce que vous pouvez faire ici et maintenant pour répondre à cette difficulté. Il ne s'agit pas d'imaginer ce que vous pourriez faire, mais de le mettre en œuvre immédiatement.

L'attitude physique

A-t-on déjà vu quelqu'un de dépressif avancer fièrement dans la vie ? Votre attitude physique, la manière dont vous vous tenez joue un rôle essentiel sur la façon dont vous vivez vos émotions.

Si vous redressez le buste, la tête bien posée sans arrogance sur des épaules détendues, si vous rentrez le ventre en regardant le monde avec assurance, vous vous sentirez certainement bien plus à l'aise que si vous avez le dos rond, les épaules avachies, un ventre mou et proéminent, et le regard fixé sur la pointe de vos pieds.

Bien sûr, l'habit ne fait pas le moine. Mais si vous vous forcez à sourire et à avoir une attitude plus tonique, inévitablement vous allez finir par l'être. C'est une question de temps. En

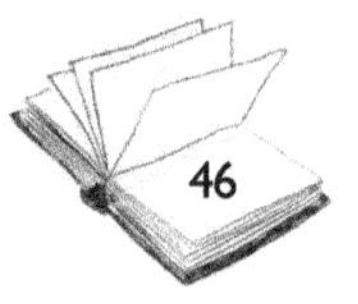

revanche, si vous laissez les événements vous dicter votre humeur, si vous ruminez sans cesse vos malheurs pour bien vous assurer qu'ils sont toujours là et que vous ne pouvez rien y faire, vous allez vous sentir de plus en plus faible, abattu, courbé, avachi… Plus vous vous laisserez glisser dans ce bourbier, et moins vous aurez de force et de courage pour en sortir.

Qu'elle soit « positive » ou « négative », l'attitude physique est toujours un pari sur l'avenir. Vous pouvez l'envisager comme un modèle à atteindre que vous affichez. Sourire quand vous n'en avez pas envie ou vous redresser quand vous êtes abattu, ce n'est pas tricher avec vous-même. Disons que vous affichez par avance la représentation que vous souhaitez incarner. C'est une première porte ouverte au changement. Vous vous montrerez bien plus courageux à sourire et à vous redresser quand vous n'en avez pas envie qu'à vous plaindre et à geindre en vous laissant glisser dans les marécages sans fond de vos souffrances !

Être ou ne pas être quelqu'un

Beaucoup d'émotions désagréables résultent des efforts que vous faites pour paraître ce que vous n'êtes pas. N'essayez pas de devenir quelqu'un. Ne copiez pas les autres, ne soyez pas dans l'imitation et ne vous préoccupez pas de ce qu'ils pensent de vous. Soyez vous-même autant que possible. Assumez ce que vous êtes et cherchez à vous perfectionner en transformant vos défauts en qualités. Comprenez qui vous êtes et soyez cette personne le plus souvent possible. Suivez le conseil du philosophe Nietzsche qui, dans son livre *Ainsi parlait Zarathoustra*, disait déjà : « Deviens qui tu es. »

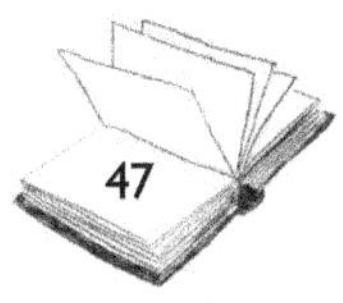

Chapitre 3

Le code caché des émotions

Les émotions donnent à la vie toute sa saveur, même si vous vous passeriez bien volontiers de certaines d'entre elles, particulièrement désagréables. Si la peur, l'angoisse, la jalousie, la colère, l'anxiété, l'angoisse ou la panique vous envahissent et parfois vous submergent, ce n'est absolument pas par hasard. Les émotions ont une signification précise qu'il est important de connaître si vous ne voulez plus en être victime.

Le rôle des émotions

Il n'existe pas de « mauvaise » émotion

Sans émotion, vous ne pourriez vous dire : « je suis heureux », « je me sens satisfait », « je suis triste », « j'ai la haine », « je n'ai pas le moral », « je m'ennuie », « je suis amoureux », etc. Vous ne seriez qu'un robot avançant mécaniquement dans la vie, le regard vide et le visage dénué de toute expression.

Les émotions sont multiples et variées, mais autant le dire tout de suite, il n'y a pas de bonnes et de mauvaises émotions. Il n'y a que des émotions agréables, désagréables ou neutres :

- les émotions agréables marquent la satisfaction des besoins. Ce sont des émotions désirables que vous cherchez à retrouver ;
- les émotions désagréables vous font souffrir à la mesure de votre insatisfaction. Généralement, vous les évitez, vous les refusez ou vous les repoussez comme vous le pouvez ;
- les émotions neutres passent inaperçues parce qu'elles ne posent pas de problème particulier. Vous les oubliez aussi vite qu'elles sont apparues.

Ces émotions agréables, désagréables ou neutres vous informent en continu sur ce que vous êtes en train de vivre. Si vous savez tenir compte de leur existence, elles vous aideront à entretenir ou à corriger votre équilibre intérieur.

Des messagères à écouter

De la même manière que le Code de la route vous aide à circuler en toute sécurité, les émotions vous aident à avancer dans la vie en vous montrant, à leur façon, ce qui est bon pour vous et

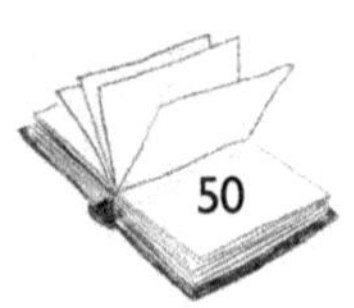

ce qui ne l'est pas. Ces panneaux indicateurs jalonnent votre existence pour vous permettre de mieux vivre. Elles vous disent en continu si vous cheminez dans la bonne direction (émotions agréables) ou si vous êtes en train de faire fausse route (émotions désagréables).

Qu'elles soient agréables ou désagréables, les sensations émotionnelles que vous pouvez ressentir sont finalement peu de chose comparées à ce qu'elles cherchent à vous communiquer. Vous avez tout intérêt à lire le message qu'elles contiennent si vous voulez continuer à être heureux ou au contraire éviter que vos ennuis ne s'aggravent. Les émotions sont essentiellement des vecteurs d'informations. Lorsque l'enveloppe (l'émotion) vous plaît, vous l'ouvrez bien volontiers pour vous réjouir de ce qu'elle vous communique. Ces émotions agréables (plaisir, bonheur, joie) témoignent de votre valeur. Elles vous indiquent que vous êtes en train de réussir ce que vous avez entrepris. De tels messages sont agréables à recevoir, vous y êtes donc très attentif. Ils vous encouragent et, généralement, vous faites tout ce qu'il faut pour en recevoir de plus en plus.

Mais dans la boîte aux lettres de vos émotions, il y a aussi des courriers qui ne vous donnent pas envie de les ouvrir. Leur aspect n'est guère engageant, voire carrément repoussant. Pourtant, ces émotions ont une très grande valeur. Si vous les examiniez un peu plus attentivement, vous sauriez pourquoi vous êtes en train de faire fausse route. Ces émotions désagréables sont en quelque sorte les factures à payer pour vos erreurs de parcours. Plus vous mettrez de temps à régler vos comptes, et plus les rappels deviendront lourds, insistants et douloureux.

Les émotions sont aussi indispensables à votre vie psychique que les sensations le sont à votre vie physique. Chacune à leur manière, elles vous disent que vous êtes touché ou atteint par quelque chose. Dans un cas, c'est le corps qui est touché et informé ; dans l'autre, c'est l'esprit qui est, ou devrait être, renseigné.

- *De la même manière que la fièvre vous dit que quelque chose ne va pas dans votre organisme, l'ennui vous montre que vous n'avez pas d'objectif ou que vous ne vous occupez pas assez de vous, ou encore que vous attendez trop des autres.*
- *Votre colère vous indique qu'un obstacle s'oppose à votre satisfaction. Dans certains cas, la colère est un volcan intérieur qui va vous aider à nettoyer votre espace vital pour expulser ceux qui l'ont envahi. Dans d'autres cas, c'est une émotion qui peut vous aider à marquer ou à faire respecter vos limites.*

- *Si vous écoutez et acceptez votre tristesse, vous pourrez identifier clairement ce qui vous manque. Vous pourrez alors chercher ou choisir les meilleurs moyens d'y remédier.*
- *L'angoisse est le résultat de forces intérieures qui s'affrontent en vous. Ce n'est pas à proprement parler une émotion, mais un symptôme indiquant qu'il y a quelque chose qui vous fait peur ou que vous refusez de prendre en compte. L'angoisse est une soupape de sûreté : elle vous montre que vous êtes en train de repousser une partie de vous-même qui cherche à s'exprimer et que vous refusez de regarder en face.*

Qu'il s'agisse d'une émotion ou d'une sensation physique, l'intensité et la force de ce qui vous atteint sont révélatrices de l'importance de ce qui vous arrive. Plus vous agirez rapidement, plus le remède sera simple et léger. Plus vous attendrez pour réagir, plus le mal ou la blessure deviendra profond, douloureux et difficile à soigner.

Faut-il cacher ou refuser ses émotions ?

Lorsqu'elles se manifestent en vous, les émotions sont des messagers positifs qui cherchent à vous dire quelque chose d'utile ou de salutaire. Il est vrai que la plupart des gens acceptent volontiers les émotions agréables même s'ils ne voient pas toujours très bien ce qu'elles signifient. À l'inverse, ils préfèrent souvent nier l'existence des émotions désagréables en les considérant comme des erreurs, des obstacles ou des problèmes. Ils ont tendance à les combattre, à les cacher ou à les refouler : « je ne devrais pas me décourager aussi facilement », « je m'en veux d'être aussi timide ! », « je n'aurais pas dû me tromper ! », « pourquoi est-ce que je n'arrive pas à prendre la parole devant les autres ? », « je n'arrive pas à me maîtriser quand je suis en colère ! », « c'est idiot, mais je ne peux pas retenir mes larmes lorsque je suis contrariée »…

Dans une société où la compétition règne en maître, il est recommandé, voire fortement conseillé, de se montrer le meilleur, la plus belle, la plus intelligente ou le plus fort. Il ne faut surtout pas montrer ses émotions et encore moins en parler. Agir autrement serait interprété comme un signe de faiblesse.

Refuser ou nier ses émotions représente pourtant une grave erreur qui peut avoir de lourdes conséquences. En comprenant que le but et la raison d'être des émotions sont d'attirer votre attention sur des déséquilibres internes, vous pouvez commencer à les écouter et à vous en servir pour sortir de l'ornière où elles vous entraînent et aller progressivement de mieux en mieux.

Quelques exemples de la vie courante

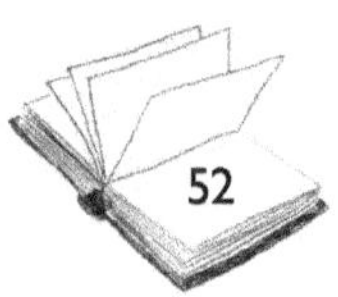

— *Il vous arrive de vous sentir triste sans raison ou de ressentir une peur diffuse. Si vous ne considérez pas cela comme une faiblesse qu'il faut ignorer ou réprimer, vous serez prêt à écouter ce qui souffre en vous ou à voir ce que vous êtes en train de rater.*

— *Si vous considérez votre colère comme un manque de maîtrise et que vous la refoulez, vous ne pourrez pas vous en servir comme d'une énergie utile pour venir à bout de ce qui vous barre la route.*

— *En repoussant votre angoisse comme un hôte indésirable, vous vous empêchez de voir qu'une autre émotion trop longtemps refoulée cherche à se faire entendre. Plus vous refuserez votre angoisse, moins vous pourrez faire émerger cette émotion, la voir, l'écouter, la comprendre et y remédier.*

— *Si vous acceptez d'être timide et si vous cherchez à comprendre cette émotion, vous verrez que cette tendance à l'effacement n'est pas un effet de votre timidité, mais qu'elle en est la cause fondamentale. Autrement dit, ce n'est pas parce que vous êtes timide que vous craignez les autres, mais parce que vous craignez le jugement des autres que vous êtes devenu timide. C'est à cause de cette peur que vous dissimulez ce que vous ressentez et ce que vous êtes !*

Vous n'avez pas l'habitude d'écouter vos émotions. Votre éducation ne vous a quasiment rien appris sur le sujet. Comme tout le monde, vous croyez être le seul à vivre ce que vous vivez et à devoir vous débrouiller avec ce qui vous arrive.

Lorsque vous allez chez le médecin, il suffit qu'il identifie votre maladie et vous indique les médicaments à prendre pour qu'immédiatement, vous vous sentiez déjà beaucoup mieux. Il en est de même avec les émotions désagréables. Dès que vous comprendrez la véritable raison d'être de ce qui vous tourmente, la souffrance se dissipera pour laisser la place aux solutions.

Aussi longtemps que vous refuserez de prêter une oreille attentive à ce que vos émotions veulent vous dire, leur enchaînement sera aussi implacable qu'une chute à skis ou que la dégringolade d'un toit. Les émotions ne sont pas des sensations isolées. Elles ont toujours une origine et, si vous n'en tenez pas compte, elles vont s'enchaîner les unes aux autres en suivant à peu près le même schéma, jusqu'à ce que vous finissiez par comprendre ce qui ne va pas. Quelle que soit la situation, les émotions commencent toujours par frapper discrètement à la porte de votre attention en espérant que vous allez les écouter. Des émotions comme l'ennui, l'agacement ou le trouble vous indiquent « gentiment » qu'il vous faut réagir. À chaque fois que vous ne tenez pas compte de ce qu'une émotion cherche à vous dire, elle va se manifester sous des formes de plus en plus pressantes ou désagréables. C'est la seule manière qu'elle a de vous forcer à lui prêter un peu d'attention.

Comment décoder les émotions ?

Découvrir le message contenu dans une émotion n'est pas chose facile, car bien souvent, les événements et les faits viennent masquer ce qui se cache juste derrière. Rechercher le sens caché d'une émotion, c'est se demander : « Qu'est-ce que cette émotion cherche à me dire ? », « Que veut-elle me faire comprendre par rapport à moi-même ? », « Quel est le sens de ce qui m'arrive ? » Lorsqu'une émotion vous envahit, commencez par reconnaître et accepter son existence : « C'est vrai que je suis en colère/que je suis énervé/que je suis rempli de tristesse/que je n'ai pas le moral, etc. » Ce premier constat est absolument indispensable, car il ouvre la porte à la réflexion et permet de chercher non pas la cause de l'émotion (en général, vous la connaissez), mais son sens caché.

Si les émotions et leurs messages sont extrêmement nombreux et variés, la manière d'en parler et de les décrire est plus vaste encore. Les énumérer par ordre alphabétique serait peut-être pratique, mais risquerait d'être fastidieux, aussi avons-nous choisi une autre solution qui consiste à regrouper les émotions par catégories, dans des dictionnaires émotionnels.

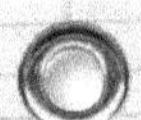 ## Les dictionnaires émotionnels

Les dictionnaires émotionnels que nous vous proposons dans les chapitres suivants décrivent cinq grands thèmes émotionnels :
- le **doute** : ennui, nostalgie, ambivalence, embarras, confusion, fatigue, paresse, honte ;
- le **refus** : gêne, malaise, agitation, manifestations telles que le rougissement, les tics, la transpiration, le tremblement, le bégaiement, la gorge serrée, la migraine ou la timidité qui apparaissent lorsqu'on repousse ou qu'on empêche quelque chose d'exister ;
- la **colère** : impatience, agacement, impuissance, colère, haine, rancune, envie, frustration, jalousie, rage, révolte ;
- le **stress** : déception, découragement, impuissance, écœurement, tristesse, peur, anxiété, angoisse, panique, phobie, déprime ou dépression ;
- les **émotions agréables** : désir, contentement, plaisir, fierté, amour, sérénité.

Nous n'employons pas toujours les mêmes mots ou les mêmes expressions pour parler de ce que nous ressentons. Avant de pouvoir décoder une émotion, commencez donc par chercher le mot qui correspond le mieux à ce qui vous arrive. Pour des émotions comme la peur, le doute ou l'angoisse, la recherche est aisée. Mais si vous pensez : « je suis hors de moi » ou « je ne me sens pas en forme », il vous faudra commencer par chercher dans l'index qui se trouve à la fin de cet ouvrage l'appellation qui correspond le mieux à ce que vous ressentez. Les définitions données au début de chaque émotion, ainsi que la description des principaux symptômes qui la caractérisent faciliteront cette recherche. Les explications qui suivent révèlent le sens général du message caché à l'intérieur de chaque émotion. Enfin, un grand nombre d'applications et d'exercices vous aideront à faire face plus sereinement à ce qui vous arrive.

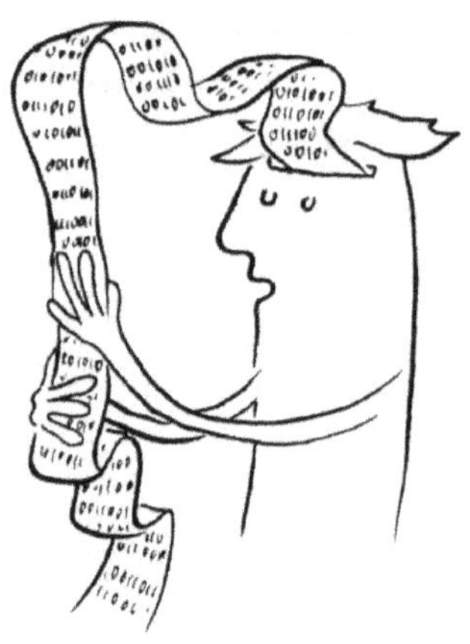

Chapitre 4

Le dictionnaire émotionnel du doute

Le doute est un premier signe qui indique une incohérence entre ce qui se passe et ce qui devrait se passer. Les émotions à base de doute sont les plus faciles à détecter et à écouter. Mais ce n'est pas parce qu'elles sont évidentes qu'il faut les négliger ! Ne pas tenir compte des messages contenus dans les émotions du doute, c'est se préparer des lendemains difficiles et ouvrir la porte à d'autres types d'émotions certainement bien plus désagréables à vivre. Les principales émotions relatives au doute sont : l'ennui, la nostalgie, l'ambivalence, l'embarras, la confusion, la fatigue, la paresse et la honte.

L'ennui

Cette émotion correspond à un manque d'intérêt ou d'objectif. L'ennui se rapproche énormément de la monotonie (« c'est toujours pareil »), du désœuvrement (« je ne sais pas quoi faire »), ou encore de la mélancolie. Il vous montre que ce que vous êtes en train de faire, de penser ou de vivre ne répond à aucun de vos intérêts ou besoins actuels. L'ennui peut être aussi le signe que vous ne vous occupez pas assez de vous ou que vous attendez trop des autres. Par exemple, vous les laisser trop décider à votre place, vous faites passer leurs besoins avant les vôtres, vous cherchez trop à correspondre à ce qu'ils attendent de vous, etc.

Le message

L'ennui révèle que vous avez perdu de vue ou que vous ignorez vos intérêts personnels, vos véritables besoins ou certaines envies.

Comment sortir de cette situation ?

Pour chasser l'ennui, il faudrait trouver un but intéressant, mais le problème est justement que vous n'en avez pas et que vous ne savez pas ce que vous voulez.

Exercice : trouver des objectifs intéressants

Faites la liste des activités, des moments ou des lieux dans lesquels vous vous êtes senti parfaitement bien, où vous étiez véritablement vous-même, où vous ne vous posiez pas de question et où vous vous sentiez bien vivant.

....

....

....

....

Dégagez des points communs dans cette liste que vous venez d'écrire (par exemple : activités extérieures, création, activité physique, rencontres, apprentissage, etc.).

....

....

Regroupez ces points communs en thèmes plus généraux pour repérer ce qui réveille votre imagination et vous donne envie d'agir (par exemple : apporter quelque chose aux autres, inventer des choses nouvelles, me développer, partager, mettre de l'ordre, etc.).

....

....

Cet exercice extrêmement simple donne des résultats vraiment étonnants. Considérez que vous avez terminé lorsque vous avez découvert quelque chose qui excite votre envie de passer à l'action.

Exercice : se redynamiser

Établissez une liste de choses à faire, puis classez-les par ordre d'importance, d'urgence ou de faisabilité.

....

....

....

....

....

Rédiger ce genre de listes fait disparaître l'ennui et tout ce qui y ressemble. Cet exercice libère l'intérêt et vous redonne immédiatement de l'énergie pour faire ce que vous venez d'écrire. C'est simple mais extrêmement efficace… à condition de prendre un papier, un crayon et de faire cette liste !

La nostalgie

Il est parfois très agréable d'évoquer le passé. Mais cette émotion est paralysante si elle vous fait croire que vous ne pourrez combler un besoin ou un manque qu'en retrouvant ou en recréant la même situation que par le passé.

Le message

La nostalgie se réchauffe à l'évocation d'un passé agréable, mais lorsqu'elle contient la tristesse d'avoir quitté un moment précis ou une époque, elle devient le signe d'un besoin ou d'un manque affectif.

Comment sortir de cette situation ?

Pour ne pas rester enfermé dans un passé, aussi agréable fût-il, il vous faut sortir de l'immobilisme qui est le principal danger de cette émotion.

Exercice : sortir de la nostalgie

Identifiez les éléments caractéristiques qui rendaient cette époque ou cette situation tellement agréables. Si par exemple vous avez la nostalgie des vacances, déterminez les éléments exacts qui vous manquent le plus quand vous y repensez : le fait de pouvoir dormir tard, de faire des rencontres, d'avoir une activité physique intense, etc.

....

....

....

Une fois les éléments précis d'une nostalgie isolés et identifiés, vous pouvez plus facilement tenter de les retrouver dans le temps présent au lieu de les chercher en vain dans un passé mythique et définitivement révolu.
Que pouvez-vous mettre en place dans votre vie actuelle pour cela ?

....

....

....

....

L'ambivalence

L'ambivalence, ou l'indécision, correspond à la difficulté de choisir entre des solutions qui semblent comporter autant d'avantages que d'inconvénients : « Je ne sais quelle solution choisir, je n'arrive pas à me décider », « Quel est le meilleur choix ? », « Ai-je pris la bonne décision ? », « Le jeu en vaut-il la chandelle ? », etc.

Il y a deux origines à l'ambivalence :

- soit vous n'avez pas assez d'éléments d'appréciation pour vous décider. Il vous faudra donc faire des efforts d'investigation avant de pouvoir trancher entre les avantages et les inconvénients d'une situation ;

- soit vous ne voulez pas renoncer aux avantages qu'offre cette alternative. Vous voudriez éviter de faire pencher la balance dans un sens ou dans l'autre pour ne pas avoir à assumer les conséquences d'un choix qui sera obligatoirement frustrant. Quoi que vous choisissiez (fromage ou dessert), vous perdrez les avantages de l'option délaissée.

L'ambivalence peut également provenir d'un manque de choix ou d'intérêt véritable, mais dans ce cas, on parlera plutôt d'« indifférence » ou d'« ennui ».

Le message

Le message de l'ambivalence est clair. Si vous êtes préoccupé ou paralysé, c'est parce que vous n'avez pas suffisamment exploré les ressources de chacune des possibilités qui s'offrent à vous.

Comment sortir de cette situation ?

La seule solution pour sortir de l'ambivalence est de trancher, de faire un choix d'une manière ou d'une autre. Les bons choix ne s'imposent pas obligatoirement d'eux-mêmes et ne sont pas toujours facilement identifiables. La différence entre deux possibilités peut être très légère. L'essentiel est qu'il y ait quelque chose, aussi infime soit-il, qui fasse pencher la balance dans un sens ou dans l'autre.

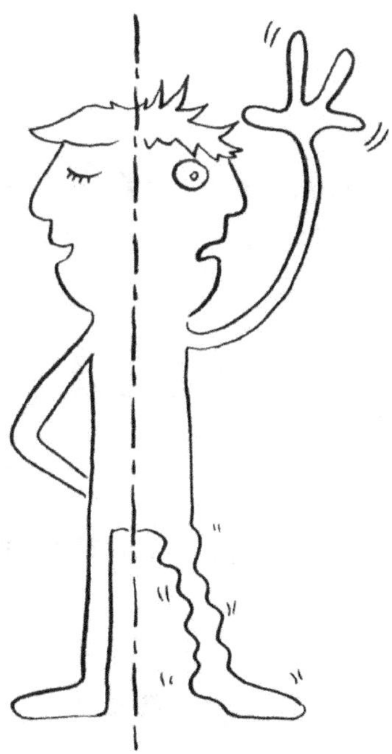

Exercice : sortir de l'ambivalence

Repérer les avantages et les inconvénients de chaque option

Prenez le temps de rédiger par écrit une liste des avantages et des inconvénients de chacune des options. Cette recherche éclaircit les idées. Ensuite, la lecture des listes vous aidera à vous déterminer plus rationnellement.

Option 1 :

Avantages :

Inconvénients :

Option 2 :

Avantages :

Inconvénients :

Au pire, quel est le risque ?

Que pourrait-il m'arriver de pire si je choisissais l'option 1 ?

Que pourrait-il m'arriver de pire si je ne la choisissais pas ?

Que pourrait-il m'arriver de pire si je choisissais l'option 2 ?

Que pourrait-il m'arriver de pire si je ne la choisissais pas ?

Là aussi, il vaut mieux écrire vos réponses, car l'écriture est un recours précieux d'aide à la décision qu'il ne faut absolument pas négliger : elle affine, précise et fixe la pensée. Ce qui est écrit ne peut plus s'envoler ou s'embrouiller avec d'autres idées.

Expérimenter en imagination

Une autre méthode d'exploration pour les choix lourds de conséquences consiste à imaginer ce que serait votre vie en choisissant une alternative, puis l'autre. Il est important que ce travail d'imagination s'étale sur plusieurs jours. Cela vous évitera des comparaisons hâtives. De plus, en ne réfléchissant que sur une possibilité à la fois, vous distinguerez mieux tous les aspects sous-tendus par ce choix.

Imaginons par exemple que vous hésitiez entre deux amies à inviter en vacances. Pendant quelques jours, imaginez comment cela pourrait se passer si vous partiez avec la première. Ensuite, imaginez ce que seraient ces vacances si vous choisissiez de partir avec l'autre.

Ces outils ne mettent pas à l'abri d'un mauvais choix ou d'un regret éventuel, mais ces derniers seront plus faciles à vivre dans la mesure où vous saurez que vous vous êtes donné tous les moyens pour faire le meilleur choix possible.

L'embarras

L'embarras est un état intérieur qui rend difficile le fait de prendre la responsabilité de ses actions : « on me demande quelque chose que je n'ose pas refuser, mais cela me gêne d'accepter », « on me fait un cadeau que je trouve disproportionné et cela m'embarrasse de devoir l'accepter » ; « je n'ose pas dire ce que je pense à cause de la présence de quelqu'un », etc.

Le message

L'embarras indique qu'il y a une confusion entre votre intérêt et celui d'un autre. Vous percevez bien qu'il y a une difficulté à identifier ou à clarifier ce qui se passe, mais vous ne voyez pas comment vous en sortir. L'embarras vous dit aussi que plus vous allez rester dans cet état, plus vous vous enfoncerez profondément dans la confusion.

Comment sortir de cette situation ?

La solution consiste à vous exprimer face à la personne concernée en décrivant ce que vous éprouvez dans l'instant. Il ne s'agit pas d'accuser l'autre, mais de lui faire comprendre votre situation en lui communiquant clairement ce que vous ressentez.

Exercice : s'exprimer sans choquer

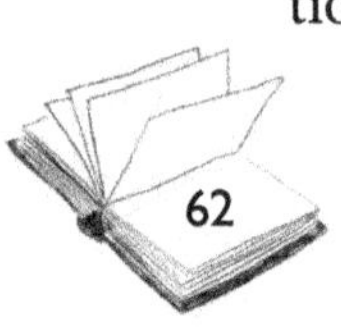

Le principe est simple et consiste à parler à la première personne de ce qui vous dérange. C'est ce qu'on appelle la technique du « message JE ». Au lieu de mettre l'autre dans son tort en lui disant par exemple : « TU m'agaces avec toutes ces questions », « TON cadeau me gêne horriblement », ce qui revient à l'accuser de votre état, vous pouvez lui dire : « JE suis gêné par toutes ces questions auxquelles je ne sais que répondre », « JE ne sais comment accepter ce cadeau »... En communiquant de cette manière, vous informez votre interlocuteur de ce qu'il vous fait subir, mais sans jamais l'accuser. Il sera ainsi beaucoup plus apte à entendre votre problème ou votre demande et surtout à y répondre favorablement.

La confusion

Que vous vous sentiez troublé, éparpillé, désordonné, désorganisé ou embrouillé au point parfois d'avoir des vertiges ou des étourdissements, la confusion correspond toujours à un état de vide mental. Elle apparaît lorsqu'une situation ou un événement semble ne pas avoir de solution immédiate, ou lorsqu'il y a trop de choix en même temps.

Le message

La confusion vous dit que vous ne comprenez pas ce qui se passe, qu'il y a un manque, un vide que vous ne voulez pas voir ou un trop-plein que vous cherchez à évacuer. Elle vous dit aussi que vous vous y prenez mal et que vous manquez de recul, de méthode ou d'organisation pour faire face à ce qui se présente.

Comment sortir de cette situation ?

Un même événement peut affoler complètement une personne et en laisser une autre parfaitement indifférente. La confusion ne dépend donc pas de ce qui se passe, mais de la capacité de chacun à gérer une situation. C'est ce qu'on appelle la tolérance à l'imprévu. Certaines personnes peuvent faire face à un grand nombre d'événements sans en être autrement dérangées. On dit qu'elles ont un niveau élevé de tolérance à l'inconnu. Les plus aventurières adorent l'inattendu et ont horreur de tout ce qui ressemble à de la routine. À l'inverse, d'autres personnes sont dans la confusion au moindre petit changement de leurs habitudes. Ces dernières ont une faible tolérance à l'imprévu, un rien les bouleverse.

Quel que soit votre niveau de tolérance, quand vous êtes dans la confusion, vous avez tendance à tourner en rond ou à vouloir faire disparaître le problème d'un coup de baguette magique. Ces comportements improductifs n'apportent pas de solution au problème. Ils montrent votre incapacité à voir la situation telle qu'elle est ou votre refus de le faire.

En découvrant que votre voiture a été incendiée ou volée, vous pouvez vous lamenter, déplorer ce qui vous arrive, ou rester hébété. C'est naturel et normal. Quand on perd quelque chose d'important, on ressent une sorte de vide mental. On ne peut pas croire aux faits : « oh non, ce n'est pas possible », « je n'y crois pas », « ce n'est pas vrai », etc. Même si ces réactions sont naturelles, il est préférable de ne pas trop vous appesantir dessus et d'accepter le plus rapidement possible la réalité : « OK, je n'ai plus de voiture, c'est un fait, je ne peux rien y changer. Bon, maintenant, que puis-je faire de positif pour régler ce problème ? »

Lorsque quelque chose vous paraît insurmontable, c'est généralement parce que vous ne faites que vous répéter inlassablement la litanie de vos ennuis. La répétition mentale de vos difficultés rend à chaque fois leur poids de plus en plus difficile à porter.

Exercice : sortir du tourbillon

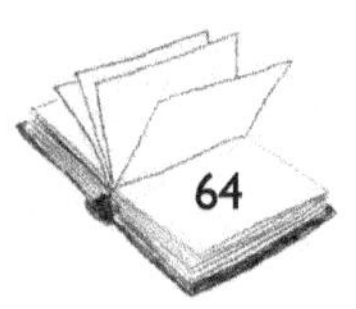

La solution la plus simple et la plus rapide consiste à accepter la situation et à écrire la liste de tout ce qui vous obsède.

Dans un premier temps, faites la liste de tout ce qui vous tourne obstinément dans la tête. (Ne jugez pas cette manière de faire avant de l'avoir utilisée. Il faut vous en servir au moins une fois pour vous rendre compte que le fait d'écrire diminue la confusion mentale et libère d'autant votre esprit pour passer à autre chose.)

....

....

....

....

....

....

Maintenant que cette liste est écrite, la situation est moins obsédante. Vous n'avez plus besoin d'y penser sans cesse, vous ne risquez plus d'oublier un détail ou un autre, ou alors vous pouvez le rajouter. N'étant plus « obsédé » par cette peur d'oublier quelque chose d'important, vous êtes maintenant davantage en mesure de faire face à la situation. Pour cela, classez ces éléments par ordre d'urgence ou de faisabilité en vous demandant par exemple : « Parmi cette liste, que puis-je faire tout de suite ? », « Quelle est la chose la plus importante à faire immédiatement ? », « Que puis-je faire de positif ? », « Qu'est-ce qui me gêne le plus et comment y remédier ? », etc. Cette opération d'évaluation et de classement va finir de dissiper ce qui reste de votre confusion. Ensuite, passez à l'action. Lorsque le premier problème sera résolu, vous serez plus calme et plus à l'aise pour passer au suivant.

Faire des listes n'est pas une perte de temps, mais un moyen extraordinairement efficace pour venir à bout de la confusion mentale. De plus, en rayant chaque action terminée, vous voyez à la fois vos progrès et ce qu'il vous reste à faire pour sortir de la confusion.

Un principe fondamental pour faire face à la confusion

Si quelque chose vous paraît trop lourd à porter ou trop difficile à faire, il vous faut absolument le transformer, pour le découper en plusieurs éléments plus petits et plus maniables. Si vous ne pouvez pas porter quatre-vingts kilos, vous pouvez très bien déplacer quatre fois vingt kilos ou huit fois dix kilos.

Quand vous êtes dans la confusion, la première chose à faire est de reconnaître que vous êtes dépassé par la situation et qu'il vous faut agir concrètement pour commencer à traiter cette confusion.

Par exemple, si votre maison est sens dessus dessous et que vous ne savez pas par où commencer, il vous faudra impérativement trouver une chose simple à faire et la terminer avant d'en commencer une autre. Vous pouvez commencer par vous faire un café pour vous donner du cœur à l'ouvrage, ou prendre un sac-poubelle pour rassembler tout ce qui peut être jeté. Vous pouvez aussi prendre un cendrier, le vider, le nettoyer et le ranger, avant de passer à une autre action. L'essentiel est de démarrer une action, puis de l'exécuter jusqu'à son terme avant de passer à la suivante.

Le principe actif de cet outil est le suivant : chaque action que vous démarrez et que vous menez à son terme diminue d'autant la quantité de confusion apparente qui vous accable ou vous submerge. Ainsi, chacune de vos actions fait disparaître un des éléments à l'origine de cette confusion. De la même manière que les petits ruisseaux font les grandes rivières, chaque petit problème résolu vous donne de plus en plus de force, de courage et de confiance en vous pour continuer à résoudre la situation qui jusqu'alors vous semblait insurmontable.

La confusion écran

La confusion peut également provenir de la peur de découvrir quelque chose que vous ne voulez pas voir. Elle fonctionne alors comme une sorte d'écran qui cache quelque chose d'autre. Par exemple, « je dois prendre une décision et tout s'emmêle dans ma tête : les sentiments, les émotions, les idées, les réactions, les sensations. Je ne sais plus où j'en suis ni ce qu'il convient de faire ». Dans ce cas, il convient de rechercher ce que vous refoulez en vous demandant par exemple : « Qu'est-ce qui se cache derrière cette confusion ? », « Qu'est-ce que je refuse d'imaginer, de voir, d'entendre ou de faire ? », « Qu'est-ce que je crains ? », etc.

Le principe actif de cet outil est la temporisation. Autrement dit : pas de précipitation ! Il est urgent de ne rien faire avant d'avoir un tant soit peu compris ce qui se passait. En vous abstenant de vouloir trouver tout de suite une réponse ou une solution, vous vous donnez du temps pour mieux comprendre ce qui se passe et pour découvrir ce qui se cache derrière cet écran de confusion. Avant tout, vous devez commencer par réaliser que vous refusez ou que vous ne voyez pas quelque chose d'important pour vous.

Parler à quelqu'un de confiance, écrire, faire des listes, éviter de répondre trop vite ou questionner le questionneur sont d'excellents moyens pour prendre le recul nécessaire qui vous permettra de découvrir ce qui se cache derrière cette confusion.

La fatigue

Quel que soit le nom qu'on lui donne (épuisement, lassitude, abattement, découragement…), la fatigue indique toujours une trop grande dépense d'énergie mentale. Lorsque vous êtes fatigué sans raison précise, c'est la preuve que vous faites beaucoup d'efforts pour empêcher une émotion de sortir.

Le message

La fatigue est l'un des premiers signes d'avertissement d'un refus émotionnel. Elle vous dit que vous êtes en train d'empêcher l'apparition d'émotions intenses en rapport avec ce qui vous préoccupe.

Comment sortir de cette situation ?

Si vous fournissez tant d'efforts pour empêcher une émotion de sortir, c'est parce que cette émotion est elle-même très forte à contenir. Il suffirait donc d'arrêter de la bâillonner pour l'entendre très clairement. Beaucoup d'efforts sont nécessaires pour faire taire quelqu'un qu'on ne veut pas entendre. En l'occurrence, c'est exactement ce qui se passe avec les émotions que vous refusez, que vous ignorez ou que vous refoulez. Mais si vous vous mettez à leur écoute, si vous ne les empêchez plus de s'exprimer, elles pourront vous dire ce qu'elles ont à dire, et vous fatigue disparaîtra.

Exercice : faire parler la fatigue

Si la fatigue apparaît après une expérience émotionnelle importante (chagrin, dispute, annonce d'une mauvaise nouvelle), c'est le signe que vous avez besoin de repos pour récupérer de cet effort psychique.

Si la fatigue persiste ou n'a pas de raison d'être particulière, il vous faut entrer en contact avec l'émotion repoussée en vous demandant : « Quelle émotion suis-je en train de retenir ? », « Quel est le problème que je ne veux pas voir ? », « À quoi suis-je en train de résister ? », etc. Habituellement, il ne faut pas chercher bien longtemps pour découvrir ce que cette autre émotion cherche à vous dire.

Si la fatigue se trouve dans un endroit précis de votre corps, concentrez-vous sur cette zone tout en respirant profondément afin que la détente ainsi provoquée laisse ressortir l'émotion trop longtemps ou trop fortement retenue à cet endroit.

Exemples d'émotions qui peuvent se cacher derrière la fatigue

— Si vous vous sentez vidé ou épuisé, c'est parce que votre activité a été inutile ou qu'elle n'a pas donné les résultats escomptés.

— Une fatigue qui contient de l'écœurement (voir chapitre 7, « L'écœurement et le dégoût ») est le signe d'une colère rentrée, d'un rejet ou d'une grande insatisfaction. C'est une réaction de trop-plein dont il faut absolument trouver l'objet.

— Lorsqu'une émotion apparaît dans le creuset de la fatigue, il faut chercher dans les dictionnaires émotionnels celle qui lui correspond le mieux et dont le message aura le plus de sens.

La paresse

On définit la paresse, l'oisiveté, le désœuvrement, la nonchalance ou la fainéantise comme un goût pour la facilité combiné à une aversion pour l'effort. L'individu paresseux voudrait obtenir directement un résultat sans faire les efforts nécessaires pour l'atteindre. La paresse est un jugement porté sur soi ou sur l'autre, qui marque une certaine déception. Généralement, cet écran, en vous fournissant une explication rapide, vous permet d'éviter de chercher plus avant les causes réelles de ce que vous observez.

Le message

La paresse peut servir à dissimuler une certaine peur de l'échec : vous préférez ne rien faire plutôt que de courir le risque de ne pas y arriver.

Comment sortir de cette situation ?

Bien souvent, la paresse se manifeste parce que vous vous êtes fixé un but trop élevé, ce qui vous a découragé. Un régime trop sévère, une discipline trop rigide produisent souvent l'inverse des résultats visés : on reprend du poids au lieu d'en perdre, on continue de fumer, on s'arrête de faire du sport au bout de quelques jours.

Exercice : réussir sans se décourager

Pour rester motivé, fixez-vous le premier jour un objectif raisonnable et considérez que, le lendemain, votre objectif sera atteint si vous faites la moitié de ce que vous avez fait la veille (voir chapitre 1, « Trottiner sans se décourager »).

De cette manière, vous adaptez vos efforts à vos capacités sans jamais être déçu. Vous êtes satisfait de ce que vous faites au lieu de vous décourager en voulant toujours faire davantage que la veille. Cette manière de procéder représente un excellent moyen pour avancer et progresser sans vous décourager.

La honte

La honte est une émotion qui ne peut être vécue que par rapport aux autres. Si vous avez honte, c'est parce que le jugement négatif que l'autre porte ou pourrait porter sur vous rejoint celui que vous avez sur vous-même. Exemple : « J'ai honte de parler devant mes collègues parce que je redoute leurs commentaires (et que je pense qu'ils ont peut-être raison). »

Le message

La honte vous dit que vous n'assumez pas un jugement que vous portez sur vous-même. Vous refusez de voir quelque chose en vous que vous savez être vrai.

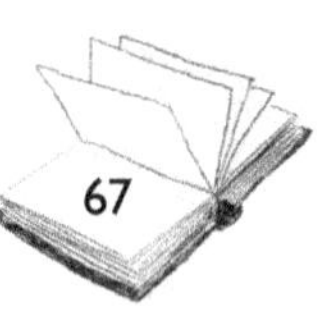

Comment sortir de cette situation ?

Le seul moyen d'échapper à la honte est d'assumer ce que vous êtes, ce que vous faites, ou ce que vous pensez. De cette manière, vous vous ouvrirez à une meilleure connaissance de vous-même et vous permettrez aux autres de vous reconnaître et de vous apprécier tel que vous êtes.

Exercice : sortir de la honte

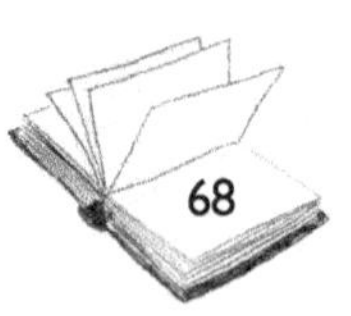

Voici quelques questions intéressantes à vous poser pour mettre en évidence ce qui vous fait honte.

– Qu'est-ce que je ne veux pas voir ?

....

....

– Qu'est-ce que je cherche à cacher ?

....

....

– Qu'est-ce qu'ils ne doivent absolument pas savoir ?

....

....

– Qu'est-ce que j'ai fait pour me mettre dans cette situation ?

....

....

– En quoi ont-ils (en partie) raison ?

....

....

– Est-ce qu'il y a quelque chose de vrai dans ce qu'ils disent de moi ?

....

....

En prenant le temps de répondre honnêtement à ces questions, vous allez découvrir en vous des limites, des inaptitudes ou des incompétences que vous ne voyiez pas clairement jusqu'ici ou que vous ne vouliez pas vous avouer. Ensuite, en acceptant comme un fait ce qui vous faisait honte, en ne le refoulant plus, vous vous donnerez l'opportunité de vous améliorer en corrigeant ce qui peut l'être.

Avec cet exercice, la honte est une occasion merveilleuse de s'accepter, de s'améliorer et surtout de s'aimer davantage.

Chapitre 5

Le dictionnaire émotionnel du refus

Les émotions du refus concernent tout ce que vous n'aimez pas dans la vie et que vous préférez ignorer ou éviter. Les exemples sont nombreux et vont du plus bénin au plus grave. Vous vous inquiétez à l'idée de devoir vous imposer devant des inconnus. Vous vous affolez devant le changement ou à l'idée d'être seul. Vous avez peur de parler en public, de suivre une nouvelle orientation professionnelle ou de prendre une décision. Vous êtes terrifié à l'idée de rompre une relation ou de ne pas être à la hauteur. Vous vous angoissez en pensant que vous risquez de perdre un être cher ou à l'idée de la mort en général. Vous êtes terrorisé en prenant le volant. Vous êtes pris de panique dans un ascenseur ou au milieu d'une foule. Vous hurlez quand vous voyez une araignée, une souris ou un serpent…

Pour éviter d'avoir à vivre de tels désagréments, vous tentez de faire taire vos émotions, de les contenir ou de les contrôler. Malheureusement, les émotions sont les plus fortes et finissent toujours par réapparaître. Les différentes formes que peuvent prendre ces efforts constituent ce que nous appelons les émotions du refus. Les symptômes du refus sont multiples et variés. Ils se traduisent physiquement par de la fatigue, des maux de tête, des tensions musculaires au niveau de la nuque, des épaules ou du dos, des problèmes de peau, des troubles digestifs, des palpitations, etc. Sur le plan psychologique, l'accumulation de refus conduit à être irritable, morose ou dépressif. Vous vous épuisez rapidement et avez le sentiment d'être inutile ou de ne plus être à votre place. Vous perdez confiance en vous, vous manquez de discernement, vous avez du mal à vous concentrer et vous broyez du noir. Mais vous pouvez réagir !

La gêne

Cette émotion apparaît lorsque vous refoulez ou que vous refusez un sentiment agréable. Par exemple, quand on vous fait un compliment mérité, vous êtes gêné, vous rougissez, vous ne savez pas quoi dire, vous essayez de banaliser, de minimiser les faits ou vous feignez l'indifférence en faisant croire que tout cela ne vous touche absolument pas.

La gêne est le résultat de deux forces contraires qui s'affrontent en vous. Vous êtes tiraillé entre l'envie de ressentir le plaisir du compliment mérité et l'effort pour refouler ou nier ce même plaisir. D'un côté, vous êtes heureux et fier de ce qu'on dit sur vous, mais d'un autre, vous pensez qu'il ne faut pas montrer ce plaisir et encore moins en profiter.

Le message

La gêne signifie que vous n'êtes pas encore totalement prêt à vivre le plaisir que vous ressentez au fond de vous, et que vous cherchez des raisons d'y échapper.

Comment sortir de cette situation ?

La sagesse populaire vous dit que « là où il y a de la gêne, il n'y a pas de plaisir ». Pour traverser la gêne, il faut faire en sorte d'inverser ce dicton, qui deviendra alors : « Là où il y a du plaisir, il n'y a pas de gêne. »

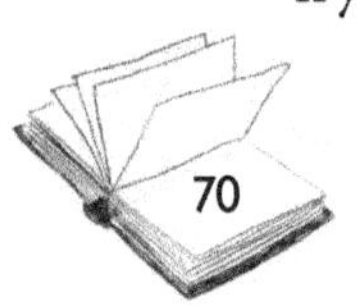

Exercice :
accepter de ressentir son plaisir

Pour éliminer la gêne, la bonne solution consiste à assumer ce que vous cherchiez jusqu'alors à cacher ou à minimiser. Entraînez-vous à accepter ouvertement les sensations agréables que cela vous procure en disant oui à ce qui se passe et à ce que vous ressentez. Par exemple, reconnaissez que les compliments que l'on vous fait sont mérités et que vous avez du plaisir à les entendre. C'est ainsi que vous pourriez dire : « Je vous remercie pour toutes ces bonnes choses que vous me dites et qui me vont droit au cœur. Cela me fait vraiment plaisir. »

La gêne peut aussi être le signe d'un désaccord entre ce que vous faites ou ce que vous dites et ce que vous ressentez. Par exemple, vous vous forcez à accepter quelque chose en refoulant ou en ne voulant pas voir que vous pensez le contraire. Mais dans ce cas, on parlera plutôt de « malaise » (voir ci-dessous).

Le malaise

Le malaise est une sorte de fuite qui vous évite de porter votre attention sur ce qui vous gêne. Cela vous empêche d'en connaître l'origine et d'y porter remède. Le malaise ne peut apparaître que si vous cachez quelque chose à quelqu'un.

Le message

Le malaise indique votre refus ou votre peur d'assumer ce que vous ressentez ou ce que vous pensez en face de quelqu'un. Il vous incite à vous poser des questions comme : « Qu'est-ce que je cherche à cacher ? » ou : « Qu'est-ce que je ne veux pas dévoiler ? »

Comment sortir de cette situation ?

Si vous cessez de nier votre malaise, si vous acceptez de le ressentir et d'écouter ce qu'il a à vous dire, la solution va bien souvent apparaître d'elle-même. Vous découvrirez par exemple que vous dites oui à une personne parce que ses arguments sont irréfutables et alléchants, mais que, dans le même temps, vous éprouvez un certain malaise parce qu'au fond de vous, vous avez l'impression de vous faire avoir. Soyez attentif à ce genre de messages non verbaux envoyés par cette partie de votre cerveau qui perçoit tant de choses mais qui ne les dit pas.

L'hémisphère droit du cerveau est constamment en activité (il s'agit ici d'une image pratique, car les émotions sont perçues de manière non verbale dans divers endroits du cerveau). Il est capable par exemple de différencier plus de mille expressions différentes sur un visage, mais il est absolument incapable de les traduire en mots. Il ne communique ses perceptions qu'au travers de sensations auxquelles vous êtes trop souvent indifférent. Pour devenir plus attentif à ces messages, faites confiance à vos intuitions. Avec un peu d'entraînement, vous découvrirez rapidement la valeur et l'utilité de vos perceptions non verbales.

Exercice : éclaircir le malaise

Personne n'est parfait et, sans être trop naïf, reconnaître une faiblesse ou une lacune se révèle souvent plus riche de conséquences que la cacher. La meilleure solution consiste donc à parler simplement et directement de votre malaise, à condition bien sûr d'être certain qu'il n'y a pas de danger à le faire. Dans la plupart des cas, cela évite bien des problèmes et fait gagner du temps à tout le monde.

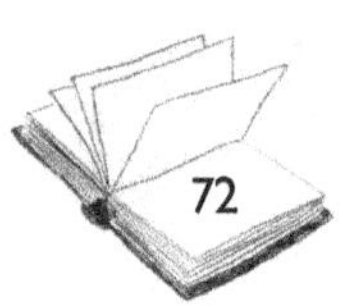

Vous pouvez continuer à vous sentir mal à l'aise parce que vous ne vous sentez pas à la hauteur de ce que l'on vous demande. Mais le jour où votre interlocuteur aura découvert ce qui ne va pas, il pourra vous reprocher à la fois votre incapacité et le fait de l'avoir dissimulé. En revanche, en disant franchement pourquoi vous ne vous sentez pas suffisamment compétent et ce qu'il vous manque pour l'être, vous faites preuve de franchise, et votre interlocuteur aura davantage tendance à vous aider qu'à vous enfoncer. Vous pourriez ainsi dire : « Je ferais bien ce que vous me demandez, mais pour telle et telle raison, je ne m'en sens pas capable. Que pourrions-nous faire ? »

L'agitation

L'agitation est une réaction physique à une émotion ou à une situation que vous tenez à l'écart ou que vous repoussez plus ou moins consciemment.

Le message

L'agitation vous avertit que quelque chose dépasse vos limites. C'est une soupape qui siffle pour vous indiquer que la pression monte. L'agitation vous permet d'évacuer le trop-plein d'énergie contenu dans une émotion ou dans une situation que vous essayez de repousser, que vous ne voulez pas voir ou que vous tentez d'ignorer.

Comment sortir de cette situation ?

Vous pouvez vous calmer et faire cesser l'agitation en pratiquant volontairement un geste de détente comme une activité physique, une respiration profonde et basse, ou une décontraction volontaire des tensions physiques (voir les outils correspondants dans le chapitre 2).

Si l'agitation se prolonge ou s'aggrave, il faut que vous acceptiez l'idée de devoir observer quelque chose que vous n'avez pas du tout envie de regarder. Pour cela, armez-vous de courage. Ce n'est que dans le calme et le silence que vous pourrez enfin laisser émerger ce que vous fuyez avec tant d'obstination. La paix se trouve juste derrière cette confrontation avec vous-même ! Dans certains cas, il faudra savoir vous faire aider par un professionnel.

Le rougissement

Le rougissement témoigne de l'effort que vous faites pour dissimuler une émotion ou pour l'empêcher de sortir. Il traduit une résistance à vivre quelque chose.

Le message

Le rougissement incite à se poser toujours le même genre de questions : « Qu'est-ce que je ne veux pas montrer ? », « Qu'est-ce que je cherche à cacher ? », « À quoi suis-je en train de résister ? »…

Comment sortir de cette situation ?

Prenez le temps d'identifier précisément la situation qui est à l'origine de cette réaction. Ensuite, il vous faudra repérer l'émotion qui frappe à la porte de votre attention et que vous refoulez. Plus vous comprendrez et accepterez le message de cette nouvelle émotion, moins elle vous fera rougir.

Les tics

Les tics sont des mouvements convulsifs et involontaires qui proviennent soit d'une tension musculaire (on parle alors de « spasme »), soit d'un contrôle émotionnel qui a échoué. Dans ce dernier cas, le tic est un moyen de montrer quelque chose sans le dire. Lorsque vous êtes submergé par un trop-plein d'émotion, les tics sont une soupape de sûreté qui empêche la pression de trop monter en vous.

Le message

Le message contenu à l'intérieur des tics vous dit que vous faites de gros efforts pour cacher quelque chose en le montrant ou en l'exprimant gestuellement sans le dire.

Comment sortir de cette situation ?

Repérez dans quelles situations les tics apparaissent et face à qui ou à quelle catégorie de personnes. Si vous identifiez bien le message que les tics tentent de vous faire passer, ils n'auront plus de raison d'être et disparaîtront souvent. S'ils persistent, il faudra vous occuper de ce qui était refoulé pour en lever les blocages ou pour l'exprimer correctement d'une manière acceptable par autrui.

La transpiration

La transpiration exagérée sans cause apparente se manifeste lorsque vous cherchez à dissimuler ou à empêcher une émotion de sortir ou de se manifester trop intensément. C'est là aussi une soupape de sûreté utile pour faire face à un débordement d'émotion.

Le message

La transpiration vous dit que vous vous fatiguez inutilement et que vous devriez vous occuper de ce que vous cherchez à cacher.

Comment sortir de cette situation ?

Pour faire face à ce symptôme, vous devez accepter ce que vous refusez de laisser paraître. Autrement dit, vous devez vous autoriser à avoir une attitude d'ouverture et d'accueil par rapport à ce qui vous arrive et à le ressentir complètement (voir chapitre 13, « Ressentir pour ne plus souffrir »).

Le tremblement

Le message

Lorsqu'ils ne sont pas dus à une maladie, les tremblements sont le signe que vous essayez de contenir une émotion trop intense.

Comment sortir de cette situation ?

Pour faire face à ces tremblements, le meilleur moyen consiste à laisser vos émotions réprimées s'exprimer librement. En laissant libre cours à cette tension, vous lui permettrez de s'écouler jusqu'à disparaître. Cette libération d'émotions jusque-là captives peut être très intense (comme une bouteille de champagne qu'on débouche), mais ensuite, l'expression se calme et finit par disparaître. Choisissez pour le faire un moment opportun.

Le bégaiement

Ce problème est dû à la crispation de vos cordes vocales sur une expérience émotionnelle que vous ne voulez pas laisser sortir. Ce contrôle plus ou moins continu s'exerce au niveau des cordes vocales pour retenir quelque chose qui ne peut pas s'exprimer ou que vous ne devez pas exprimer.

Le message

Le bégaiement apporte une sécurité, car il empêche l'expression de quelque chose qui pourrait vous nuire. Par exemple, vous bégayez lorsque vous avez peur d'assumer ce que vous êtes, que vous craignez d'être jugé, ou pour réprimer une émotion violente comme la colère. Dans ce cas, le bégaiement indique la bataille que vous vous livrez intérieurement, pris entre votre désir de dire ce que vous avez sur le cœur et votre peur de trop en dire.

Il peut aussi avoir son origine dans l'enfance. C'est le cas notamment lorsque, pour une raison ou pour une autre, vous n'avez pas été autorisé à être vous-même ou que vous avez été bloqué dans l'expression de ce que vous ressentiez.

Comment sortir de cette situation ?

Il existe des techniques comme calmer sa respiration ou traîner sur les fins de mot pour mieux les enchaîner (c'est ce que faisait le comédien Louis Jouvet). Il y a également des techniques de rééducation de l'oreille comme celle du docteur Tomatis et de son oreille électronique. Mais pour véritablement « détendre » cette crispation des cordes vocales, il faut remonter dans le temps (seul ou accompagné par un professionnel) à la recherche de ce qui est à l'origine de la crispation et du contrôle qui vous empêche de vous accepter ou de vous assumer devant les autres.

La gorge serrée

Le message

Ce symptôme est le signe d'un contrôle pour vous empêcher d'exprimer votre chagrin, votre tristesse ou vos larmes. On dit aussi : « J'ai une boule dans la gorge. »

Comment sortir de cette situation ?

Pour faire sortir votre émotion, il suffit parfois de trouver un espace où vous vous sentez libre d'exprimer ce que vous retenez en criant, en hurlant ou en tapant sur un oreiller avec une raquette de tennis ou avec n'importe quel autre objet. Si l'inhibition est trop forte ou a duré trop longtemps, vous pouvez en amorcer l'expression en vous forçant à avoir une respiration très haute et en imitant volontairement les sanglots que vous retenez. Cette manière de faire permet souvent aux larmes de pouvoir enfin sortir.

Vous pouvez également utiliser le « judo du stress » (voir chapitre 2).

La migraine

La migraine, la tension, les crispations et autres maux de tête sont le résultat d'un raidissement inconscient dans le but de garder à distance certaines préoccupations, ou d'empêcher l'apparition d'émotions désagréables. Ils traduisent le fait que vous vous contractez face à une pression extérieure (difficulté, problème, conflit) ou à cause d'une pression intérieure que vous vous infligez (« je dois… », « il faut que… », « je ne devrais pas… », etc.).

Lorsque vous êtes tendu, vous vous contractez pour éviter de ressentir un problème, une douleur physique ou une émotion. Vous vous crispez pour repousser un choix qui est contraire à vos préférences, ou pour diminuer l'intensité d'une préoccupation trop envahissante. Vous vous sentez coincé et vous retenez votre colère, vos larmes ou votre chagrin.

Le contrôle que vous exercez sur ce que vous ressentez ou sur ce que vous réprimez crispe certains muscles qui empêchent le sang de circuler librement, exactement comme le ferait un garrot. Cette tension intérieure provoque également une respiration courte, haute et de faible amplitude. Le manque d'oxygène qui en résulte réduit votre énergie, entraîne un refroidissement des extrémités, génère des tremblements et crée un affaiblissement général.

Le message

Ces symptômes vous disent que vous êtes en train de vivre un conflit, un dilemme ou de prendre une mauvaise direction.

Comment sortir de cette situation ?

L'exercice suivant est très simple, mais ce n'est pas pour autant qu'il est facile à mettre en œuvre. Une aide extérieure, amicale ou professionnelle, sera souvent la bienvenue pour vous aider à voir ce qui est généralement évident mais que vous ne percevez pas encore. Avec un peu de pratique, cet exercice vous aidera à réagir dès l'apparition des premiers symptômes et à empêcher les tensions de s'installer.

Exercice : sortir de la migraine

Le seul moyen de trouver un soulagement rapide est de commencer par vous détendre en retrouvant une respiration lente et abdominale (voir chapitre 2, « Émotions et respiration »). Ensuite, repérez la partie du corps particulièrement crispée et demandez-vous : « À quoi est-ce que je résiste ? », « Qu'est-ce que je ne veux pas voir ? », « Qu'est-ce qui me stresse ? », « Qu'est-ce que je refuse ? »… Lors de cette introspection, restez centré sur la douleur ou le symptôme, afin de ne pas vous égarer dans d'autres préoccupations sans rapport avec le refus en question. En étant détendu et attentif, vous restez ouvert à ce qui va venir effleurer votre conscience.

Cette recherche demande à la fois du courage et de la patience, car il n'est pas toujours évident de voir ce que l'on refuse ! Lorsque le sujet se dévoile, il vous reste encore à engager le dialogue avec l'émotion ou la préoccupation qui frappait jusqu'alors en vain à la porte de votre attention.

La timidité

La timidité est davantage une manière d'être qu'une véritable émotion. Cette attitude vous permet en effet de dissimuler ce que vous pensez ou ce que vous ressentez. En fait, vous vous cachez derrière la timidité pour éviter d'avoir à affronter les autres, leur jugement, la critique en général ou l'échec. Quand vous êtes gêné par les compliments ou simplement par le fait qu'on parle de vous ou de ce que vous faites, votre timidité correspond alors à une peur de vous mettre

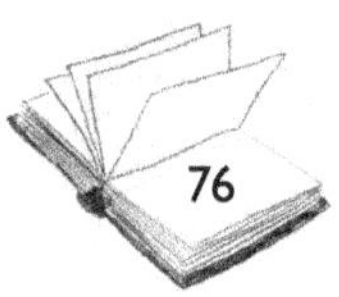

en avant. Pour une raison ou pour une autre, ce genre de timidité est en lien avec votre éducation. Vous n'osez pas assumer ce que vous êtes.

Le message

Le message contenu dans la timidité est à la fois paradoxal et extrêmement libérateur : « Ce n'est pas parce que je suis timide que j'ai peur des autres. C'est parce que j'ai peur des autres que je suis devenu timide ! »

Comment sortir de cette situation ?

Vous ne pouvez pas vaincre la timidité tant que vous n'avez pas repéré et vaincu la peur qui en est à l'origine. Si vous voulez travailler sur votre timidité, commencez par travailler sur vos peurs (voir chapitre 7, « La peur »). Il faut découvrir ce que vous craignez de voir se produire. Pour faciliter cette recherche, rappelez-vous que la peur n'est pas toujours objective : elle est souvent déclenchée par la perception d'un danger éventuel à venir, c'est de l'imagination à l'état pur. Neuf fois sur dix, ce que vous craignez ne se produit pas !

Pour sortir de la timidité, il est indispensable de parvenir à vous assumer, d'accepter de sortir de l'ombre et d'entrer sur scène. Ce travail de reconstruction de la confiance en soi doit être mené avec tout ce que cela compte comme réussites, mais aussi comme échecs. Il demande de la ténacité et du courage pour ne pas abandonner aux premières difficultés. La « technique à Émile » (voir chapitre 12) se révèle souvent un formidable outil pour accompagner cette reconstruction.

Le dictionnaire émotionnel de la colère

*L*orsque vous voulez dire quelque chose et qu'on ne vous écoute pas, vous allez répéter, insister et parler plus fort jusqu'à ce qu'on vous réponde. Pour vous faire entendre, il arrive même que vous soyez obligé d'interpeller la personne (« Eh ! Tu m'écoutes ? ») ou de lui taper plus ou moins vigoureusement sur l'épaule pour attirer son attention.

Quand elles s'adressent à vous, vos émotions fonctionnent exactement de la même manière : si vous ne tenez pas compte du message qu'elles veulent vous communiquer, elles vont le répéter de plus en plus souvent et de plus en plus fort, jusqu'à ce que vous finissiez par l'entendre. Par exemple, si vous restez sourd aux messages émotionnels du doute, ceux-ci vont changer d'aspect et vous « taper sur l'épaule » en prenant une forme un peu plus contraignante ou agressive comme de la colère.

Les émotions de colère apparaissent dès qu'un équilibre est rompu. Elles ont une palette très large allant de l'impatience à la haine, en passant entre autres par l'envie ou la rancune.

L'impatience

Cette émotion est agréable lorsque vous êtes dans l'attente d'un plaisir : sur le chemin vers un rendez-vous amoureux, avant une bonne soirée ou en attendant les vacances. En revanche, l'impatience devient désagréable lorsque vous subissez une situation qui n'a pas de sens pour vous : « qu'est-ce que je fais ici ? », « je ne comprends pas pourquoi on m'a fait venir », « j'en ai assez d'être là à ne rien faire »…

Le message

L'impatience vous dit que vous avez mieux à faire que ce que vous faites actuellement.

Comment sortir de cette situation ?

L'impatience va disparaître dès que vous allez donner la priorité à ce que vous estimez être important pour vous à ce moment-là : « Au lieu de rester à écouter cette personne qui ne m'intéresse pas, je décide de la quitter poliment pour aller faire des choses plus intéressantes. » Soyez réellement à l'écoute de ce qui vous arrive et de vos besoins !

L'agacement

L'agacement, l'énervement ou la fébrilité font suite à l'impatience pour vous montrer que vous êtes en train de refouler une préoccupation ou une émotion qui cherche à se manifester. Ce refus de voir bloque le message contenu dans l'émotion, mais ne retient pas l'énergie qui vous donne cette impression d'être survolté, énervé ou tremblant, alors que rien ne semble justifier cet état.

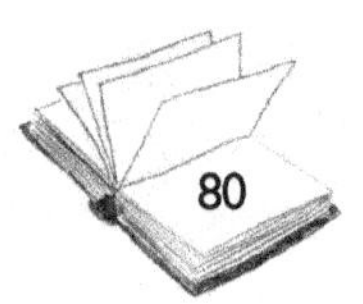

Le message

L'agacement apparaît quand vous empêchez une émotion de s'exprimer ouvertement.

Comment sortir de cette situation ?

Cette attitude de défense vous amène à avoir une respiration de plus en plus courte et haute (au niveau de la poitrine, voire au niveau des épaules). Il est donc impératif de transformer cette respiration haute et rapide en une respiration abdominale volontairement plus lente (voir chapitre 2, « Émotions et respiration »). Une fois le calme revenu, il faudra rechercher les origines de cette fébrilité, mais sans vous culpabiliser ni reporter la responsabilité sur quelqu'un d'autre. Dans cette recherche, il s'agit de découvrir l'élément précis qui vous met sur la défensive.

Ce n'est pas mon fils de cinq ans qui m'agace avec ses questions incessantes auxquelles je n'ai pas le temps de répondre. Si j'écoute un peu l'émotion qui m'agite, je vais découvrir que c'est moi qui ne sais pas lui répondre ou qui ne supporte pas de ne pas savoir prendre le temps qu'il faut pour bien m'occuper de lui.

L'impuissance

Ce sentiment vous indique que des obstacles s'opposent à vos désirs. Tant que vous êtes dans une émotion d'impuissance, vous pensez que vous êtes incapable de faire ce que vous souhaitez réaliser.

Le message

Ce sentiment d'impuissance vous invite à identifier les pouvoirs que vous possédez réellement et ceux dont vous ne disposez pas encore. C'est l'occasion de faire le point sur vos valeurs et sur vos qualités, au lieu de vous appesantir sur vos points faibles et sur vos défauts.

Comment sortir de cette situation ?

Saisissez l'opportunité d'améliorer ce qui peut l'être (au lieu de le déplorer en vain).

Exercice : pour sortir de l'impuissance

Cherchez avec profit les points sur lesquels vous pouvez reconquérir ou exploiter de la puissance : « Après tout, je sais parler et me défendre. Pourquoi est-ce que je devrais continuer à ne rien dire et à me laisser faire ? Il n'y a pas que sa façon de voir qui compte. Moi aussi j'existe, et mes désirs sont aussi légitimes que les siens. Je ne suis pas obligé de toujours m'écraser sans rien dire. Moi aussi, je peux dire ce que je veux ou ce dont j'ai envie. Après tout, qu'est-ce que je risque à le dire ? » En regardant le verre à moitié plein, vous aurez plus de courage pour affronter la partie à moitié vide du même verre.

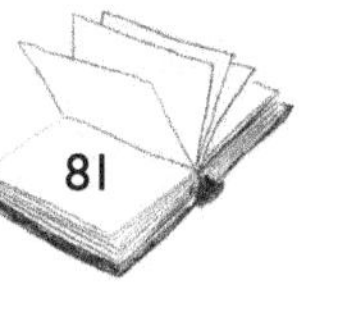

La colère

La colère est un volcan qui sert à repousser une menace et à l'empêcher d'entrer. Ce sentiment de puissance intérieure permet de protéger son territoire, de faire respecter son identité ou d'imposer un équilibre dans une relation.

Le message

La colère est le signe d'une insatisfaction. Elle apparaît dès qu'un équilibre est rompu ou que vous ne pouvez pas vous soustraire à quelque chose. Cette émotion utile et légitime vous aide à mettre des limites pour ne pas être envahi (« stop, je ne veux pas », « je vous interdis de… », etc.), ou pour chasser des intrus de votre espace (« ça suffit, je ne veux plus de cela », « c'est terminé », etc.).

Comment sortir de cette situation ?

La colère est le résultat d'une frustration. Elle apporte un surplus d'énergie pour chasser les intrus ou pour se faire respecter. Lorsqu'elle est légitime, ne la retenez pas, c'est ce que l'on appelle une « saine colère », qu'il faut quand même bien sûr savoir canaliser pour ne pas aller trop loin.

Exercice : sortir de la colère

Lorsque la colère n'atteint pas son but ou que vous ne pouvez pas l'exprimer, il y a plusieurs choses à faire.

Tout d'abord, essayez de découvrir, de comprendre et de ressentir l'importance réelle de votre frustration en vous posant les questions suivantes.

– Qu'est-ce qui ne va pas ?

....

– Quelle est la cause de mon insatisfaction ?

....

– En quoi est-ce que je me sens menacé ?

....

Ce travail personnel demande beaucoup d'honnêteté avec soi-même.

Comprendre la nature et l'importance de la frustration est indispensable. Mais ce n'est qu'un premier pas, car il faudra ensuite reconnaître vos responsabilités. En effet, quand vous ne pouvez pas agir ou faire changer l'autre, vous avez au moins le pouvoir de travailler sur vous pour découvrir votre part de responsabilité dans l'affaire (sans mettre l'autre en accusation). Posez-vous les questions suivantes.

– Qu'est-ce que j'ai fait pour en arriver là ? Comment me suis-je fourré dans ce pétrin ? En quoi ai-je contribué à cette situation ?

....

– Qu'est-ce que j'aurais dû faire pour éviter cela ? Qu'est-ce que je n'ai pas voulu voir ? Qu'est-ce que j'aurais pu faire et que je n'ai pas fait ?

....

Passer du temps à répondre à ce genre de questions est nécessaire pour commencer à traverser la colère.

Découvrir comment vous vous êtes mis dans une telle situation ne veut absolument pas dire que vous êtes coupable : responsable ne signifie pas coupable. Si vous vous sentez fautif, vous allez refouler cette sensation et continuer à rejeter les torts sur l'autre en le transformant en bouc émissaire. En revanche, si vous voyez clairement votre part de responsabilité dans ce qui se passe, si vous avez cette humilité de chercher en quoi vous avez contribué à la naissance ou au développement de toute cette affaire, alors vous vous mettez en position de faire quelque chose de positif pour remédier intelligemment à la situation. C'est ce que vous pouvez faire en répondant à cette dernière question :

Et maintenant, que puis-je faire concrètement pour améliorer la situation ?

....

....

Comment utiliser autrement sa colère

Il est très intéressant de vous attarder sur ce que vous reprochez aux autres. En réalité, ce que vous ne supportez pas chez les autres n'est que le reflet de ce que vous ne supportez pas en vous. C'est la version moderne de la paille dans l'œil du voisin que vous critiquez en ne voyant pas la poutre qui est dans le vôtre.

Si vous souhaitez vous améliorer, ce qui vous met en colère chez les autres constitue un indice qui peut vous aider à découvrir ce que vous ne voulez pas ou ne pouvez pas voir en vous. Attention, il ne s'agit que d'un indice, pas d'une similitude. Faites preuve d'intelligence, de finesse et d'habileté pour mener votre enquête, qui sera toujours payante si vous la conduisez à son terme.

Exemple : « En étudiant de plus près pourquoi je suis très agacé quand on me donne des conseils ou qu'on me reprend lorsque je fais quelque chose, je découvre qu'en fait, moi aussi je fais souvent des remarques aux autres. Je réalise maintenant que j'empiète (en toute bonne foi) sur leur intimité et que cela peut les agacer eux aussi lorsque je leur dis ce qu'ils devraient faire. »

Attention, ce n'est pas de la colère !

La colère est un barrage que vous dressez pour empêcher un envahissement ou pour chasser les envahisseurs hors de chez vous. Certaines émotions ressemblent à la colère, mais n'en sont pas :

- l'antagonisme est une forme d'envahissement. Par exemple, vous contrez systématiquement quelqu'un pour mieux lui imposer votre point de vue, ou pour lui prouver que vous êtes plus fort que lui ;

- la révolte apparaît quand vous êtes en face de ce que vous considérez comme une injustice (voir plus loin « La révolte ») ;

- la rage est une manifestation d'impuissance qui vous montre que l'autre a gagné (voir plus loin « La rage »).

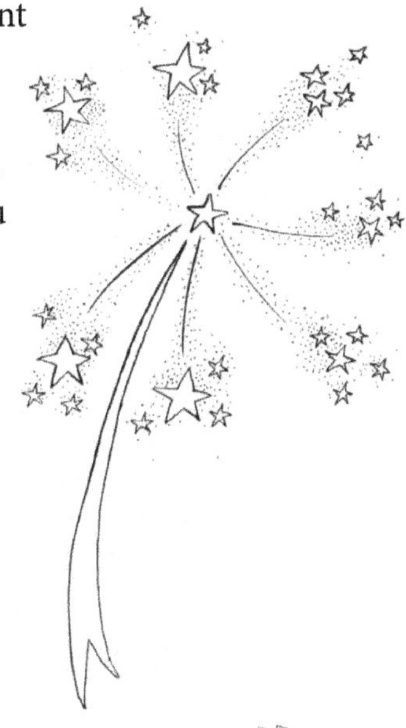

La haine

La haine est une colère contre vous-même dont vous faites porter la responsabilité à quelqu'un d'autre. Vous en voulez à cette personne et la haïssez parce que vous pensez que c'est à cause d'elle que vous souffrez.

Le message

Si la haine est la marque d'une profonde insatisfaction, c'est aussi et surtout une impuissance à vous soustraire à quelque chose (personne ou situation) que vous n'avez pas désiré. C'est une colère intense doublée de désirs malveillants envers ce qui fait obstacle à votre satisfaction. Par exemple, vous en voulez à quelqu'un de vous avoir fait du mal ; vous ne supportez pas l'idée qu'il l'emporte au paradis et vous voulez qu'il paie jusqu'au dernier centime pour tout ce qu'il vous a fait subir.

Dans la haine, vous êtes dépendant de l'autre, vous êtes sous sa coupe, à sa merci. C'est parce que cette personne vous tient si bien que vous lui en voulez tellement.

Comment sortir de cette situation ?

Commencez par accepter l'idée que vous êtes le principal responsable de votre vie. Aussi long-temps que vous accuserez l'autre de ce qu'il vous fait subir, vous lui donnerez un pouvoir qu'il n'a pas, et vous confirmerez votre impuissance. Ce cercle vicieux ne fera que renforcer votre haine et votre souffrance. Tant que vous n'aurez pas vu comment et combien vous êtes touché par la situation, vous ne pourrez traverser cette émotion. C'est en ressentant vraiment ce qui vous arrive que vous pourrez comprendre et vous débarrasser de ce qui vous affecte et vous aveugle (voir chapitre 13, « Ressentir pour ne plus souffrir »).

La rancune

La rancune est une forme de colère particulière, car elle contient toujours un désir de ven-geance. C'est une « colère de longue durée » qui s'appuie sur le caractère inacceptable, injuste ou intolérable de ce qui s'est produit. La rancune est d'autant plus tenace que vous estimez que ce qui s'est produit aurait pu être évité : « c'est vraiment de sa faute », « je n'y suis absolument pour rien », « il aurait pu… », « il aurait dû… », etc.

Le message

La rancune est une colère refoulée qui contient un grand désir de vengeance, mais sans aucune intention réelle de passer à l'action. Vous souhaitez que le coupable paie pour ce qu'il vous a fait subir, mais vous n'agissez pas contre l'objet de votre haine. Vous préférez bouder, éviter ou rompre le contact avec celui que vous estimez coupable, plutôt que d'agir directement contre lui. C'est la raison pour laquelle cette émotion peut s'installer et durer très longtemps.

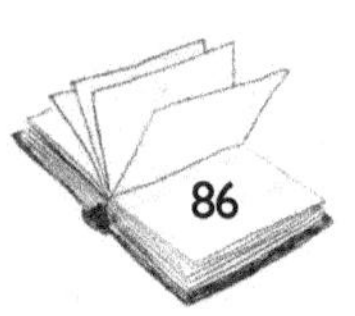

Comment sortir de cette situation ?

Tout d'abord, vous devez avoir la volonté de ne plus vous complaire dans cette émotion douloureuse et captivante pour passer à l'action. Il faut aussi du courage pour sortir de ces tourbillons haineux qui s'enroulent et se déroulent sans cesse dans votre imagination. Vous devez absolument devenir capable de dire ou de faire quelque chose pour exprimer ce que vous êtes en train de vivre. Au début, cette expression risque d'être un peu « rugueuse ». En effet, pour sortir de la colère rentrée qui caractérise la haine, il faut que la colère véritable puisse s'exprimer. Mais les choses iront en s'apaisant, au fur et à mesure qu'elles seront dites clairement et entendues.

Exercice : utiliser le message JE

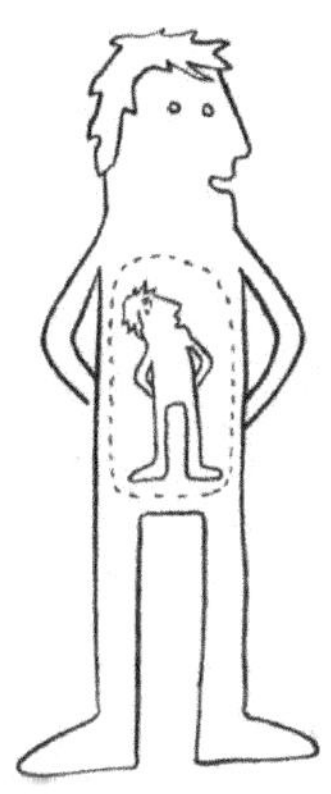

Là encore, le message « JE » permet de décrire ce que vous vivez et ce que vous ressentez sans accuser l'autre (voir chapitre 4, « L'embarras »). Si vous avez le courage de sortir de ces émotions de haine, cette manière de vous exprimer sans agressivité ouvrira la porte au dialogue, au changement et peut-être à la réconciliation ou au pardon véritable. Une communication authentique fait souvent des miracles.

L'envie

L'envie, dans le sens d'être envieux, fait partie des colères qui ne s'expriment pas ouvertement. Quand vous êtes envieux, vous voudriez avoir ce que l'autre possède ou devenir ce qu'il est, mais sans rien faire en échange pour l'obtenir ou l'égaler. L'envie est en équilibre entre la jalousie et le désir.

Le message

Votre envie cache un besoin véritable, mais vous oubliez de faire les efforts nécessaires pour le satisfaire : « Je jalouse ou j'envie son succès, mais je ne fais pas les efforts qu'il faut pour réussir à mon tour. » L'envie peut devenir une stimulation lorsqu'elle fournit des raisons de se dépasser (on parle alors de « désir »). Mais elle sera malsaine si elle vous pousse à déprécier ou à vouloir contrôler les autres : « Ce n'est pas juste, pourquoi est-ce que ce sont toujours mes collègues qui ont les dossiers les plus intéressants et pas moi ? » Dans ce cas, on parle plutôt d'insatisfaction, de convoitise, de jalousie, de cupidité ou de concupiscence.

Comment sortir de cette situation ?

Utilisez l'envie pour cerner et définir ce que vous souhaitez. Ensuite, vous pourrez déterminer si vous souhaitez simplement continuer à rêver ou passer à l'action pour réaliser votre rêve.

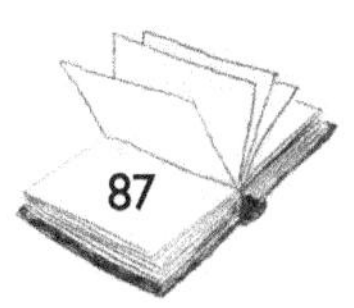

La frustration

L'envie se transforme en frustration lorsqu'un sentiment d'injustice vient s'y ajouter. La frustration apparaît quand vous pensez que vous n'avez pas reçu votre dû, votre part, ou ce que vous attendiez. Elle provoque des émotions secondaires comme le mécontentement, la colère, la jalousie ou la tristesse… La personne frustrée critique facilement, mais n'aime pas prendre de risques ou faire des efforts. Elle préfère les solutions faciles et attribue la responsabilité de ce qui lui arrive à un facteur extérieur qu'elle ne peut contrôler : « c'est encore un autre qu'on a choisi à ma place », « on ne reconnaît jamais ma valeur », « je n'ai jamais de chance », etc.

En attribuant à d'autres la responsabilité de ce qui vous arrive ou en pensant trop vite que les choses vous sont dues sans tenir compte des circonstances, vous vous positionnez en victime des autres, des événements ou de la vie en général.

Le message

Derrière la frustration se cache toujours un besoin non satisfait, un manque réel ou imaginaire qu'il vous faudra identifier et analyser quand vous serez sorti de cette émotion. L'envie, l'insatisfaction, la jalousie, la cupidité et la frustration sont des miroirs qui reflètent vos propres manques :

- si vous jalousez ceux qui ont confiance en eux ou si vous ne faites pas confiance aux autres, c'est parce que vous manquez de confiance en vous ;

- si vous enviez ceux qui réussissent ou si vous les critiquez ou les dénigrez avec délectation, c'est parce que vous n'avez pas vous-même réussi comme vous le voudriez.

Comment sortir de cette situation ?

Il est relativement facile de repérer et d'identifier le manque qui est à l'origine de ce genre d'émotion et qui l'alimente sans cesse. Il suffit d'être honnête avec soi-même et de ne pas se cacher la vérité. Mais il est vrai qu'il est toujours pénible de reconnaître ses faiblesses.

Exercice : sortir de la frustration

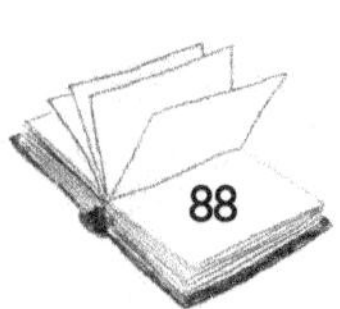

Ce processus opère en deux temps :

*– le **questionnement**. Interrogez-vous pour découvrir le manque qui se dissimule derrière l'envie : « Qu'est-ce que cette envie révèle ? », « Qu'est-ce que je n'ai pas ou qu'est-ce qui me manque et que l'autre possède ? », etc. ;*

*– l'**introspection**. Repérez et explorez vos résistances à faire ce qu'il faut pour combler le manque que vous venez de découvrir. Vous obtiendrez alors des réponses du genre : « Je ne fais pas ce qu'il faut pour réussir », « Je pense que je ne mérite pas de réussir », « Pour réussir, il faut des relations et je n'en ai pas », « Si j'étais riche, je ferais n'importe quoi, mais ceux qui réussissent deviennent méprisants », « Si je réussissais, mes anciens amis s'éloigneraient de moi », etc.*

Cette recherche peut se révéler douloureuse, mais soyez persévérant, car c'est une excellente occasion de progresser, de vous développer et d'améliorer votre vie. Peut-être arriverez-vous à prendre conscience que vous n'êtes pas prêt à faire ce qu'il faut pour satisfaire le besoin qui suscitait votre envie. Dans ce cas, l'envie disparaîtra d'elle-même. Cette recherche est souvent délicate, car elle va vous conduire vers des peurs plus ou moins profondes et cachées. Ce sont ces peurs qui sont à l'origine de votre incapacité ou de votre inaptitude à faire ce qu'il faut pour avoir ce que vous n'avez pas et que les autres possèdent. Le besoin insatisfait est le carburant de la frustration, il est donc essentiel de le repérer. Ensuite, lorsque le besoin a été bien identifié, il reste à découvrir pourquoi vous n'arrivez pas à faire ce qu'il faut pour obtenir ce qui vous manque.

La jalousie

La jalousie amoureuse est une émotion complexe, qui contient à la fois de la colère et de la peur.

- *Je suis en colère parce que la personne que j'aime et dont je suis jaloux risque de me faire perdre quelque chose d'important à mes yeux.*
- *J'ai peur parce que j'ai des doutes sur ma propre valeur (par exemple, ma capacité de séduction) ou sur ce que je pense valoir aux yeux de l'autre (qu'est-ce que je représente pour lui, comment me considère-t-il ?).*

La jalousie est également synonyme d'insécurité.

- *J'ai peur que l'autre se détourne de moi pour aimer quelqu'un d'autre.*
- *J'ai peur de perdre les avantages que me procure cette relation, et cela me met dans une grande insécurité.*
- *J'ai peur de perdre dans le cœur de l'autre une place que je ne pense pas vraiment mériter.*

En réalité, la jalousie repose davantage sur un manque de confiance en soi que sur un manque de confiance en l'autre.

Le message

La jalousie vous permet de cerner les besoins importants que vous craignez de perdre, à tort ou à raison. Elle n'est pas malsaine en elle-même. Mais lorsqu'elle devient excessive, elle pose problème et empoisonne la vie. Vous avez donc intérêt à reconnaître aussi bien l'importance de la place que l'autre tient dans votre vie que celle que vous croyez tenir dans la sienne. Il faut également vous interroger sur les frustrations affectives qu'entraînerait la perte de l'autre, car ce sont ces frustrations qui nourrissent votre jalousie.

Comment sortir de cette situation ?

Les sources de la jalousie sont multiples : manque de confiance en soi ; peur de vieillir, de ne plus être capable de séduire, de ne plus être désirable, de perdre une position privilégiée ; sentiment d'être indigne de l'amour de l'autre, etc.

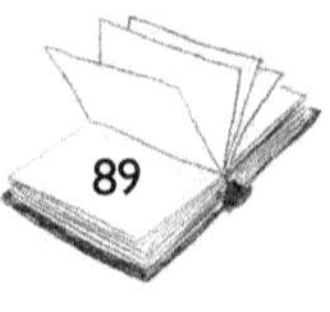

Exercice : sortir de la jalousie

Interrogez-vous sur les bénéfices que vous procure votre relation avec l'être aimé en vous posant les questions suivantes :

Qu'est-ce que je risque de perdre comme bénéfices ou comme avantages si mon partenaire me quitte ?

....

....

Quels besoins, quels manques seraient frustrés si l'autre s'en allait ?

....

....

Qu'est-ce qui me ferait le plus souffrir ?

....

....

....

Vous pouvez aussi chercher du côté de l'insécurité qui nourrit votre jalousie. Qu'est-ce qui me met mal à l'aise dans l'idée qu'il s'en aille ? Quelle insécurité ce danger éveille-t-il ?

....

....

Quelles incertitudes vis-à-vis de moi-même cela éveille-t-il ?

....

....

Quel manque de confiance en moi pourrait être à l'origine de cette jalousie ?

....

....

....

Quand vous avez bien repéré les causes de cette jalousie, le plus délicat reste à faire. Au lieu de vous laisser entraîner par la jalousie qui vous pousse à vouloir contrôler l'autre pour éviter le pire, il s'agit maintenant (si cela est possible) de communiquer avec cette personne pour lui exprimer vos peurs, vos besoins ou votre insécurité qui sont à l'origine de cette jalousie.

La rage

Cette forme de colère contient plus ou moins de violence parce qu'elle renferme aussi un sentiment d'impuissance à résoudre un problème. Vous n'avez aucun pouvoir sur ce qui se passe et aucune solution de rechange. Cette impuissance vous place, à tort ou à raison, en position de victime et transforme votre colère en énergie destructrice. Vous enragez de ne pouvoir atteindre

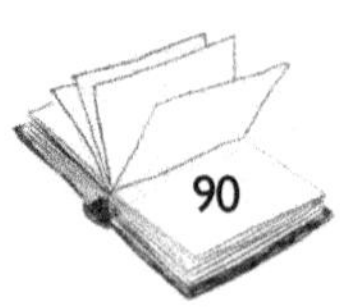

ce que vous souhaitez et la seule possibilité qui vous reste est de détruire ce qui vous domine et que vous ne pouvez contrôler.

Plus la rage se prolonge et s'accumule, plus la pression monte et plus la réaction est violente. C'est le principe de la cocotte-minute. Les explosions de rage apportent un peu de soulagement en donnant le sentiment illusoire de faire quelque chose. Mais généralement, cela ne change rien en profondeur : le problème subsiste, et les conséquences d'une explosion de rage sont en général plus négatives que positives.

Le message

La rage vous indique qu'un obstacle interfère avec la satisfaction d'un de vos besoins et que vous vous sentez impuissant à combattre ce qui vous barre la route. Il peut être bon d'exprimer votre « ras-le-bol », à condition de ne pas vous arrêter là. Évacuer le trop-plein de la charge émotionnelle ne sera positif que si ensuite vous faites quelque chose pour sortir de votre impuissance.

Comment sortir de cette situation ?

La rage étant liée à l'impuissance, la seule solution consiste à cesser de compter sur les autres et à prendre vous-même les choses en main. Si vous êtes face à quelque chose sur lequel vous ne pouvez absolument pas intervenir (comme la maladie ou la mort), il est bien plus sain d'accepter votre impuissance et de vivre avec les sentiments qu'elle provoque ou de les traverser, notamment à l'aide des outils contenus dans la deuxième partie de cet ouvrage (voir chapitres 10 et 11).

La révolte

La révolte est un mélange détonant de rage et d'indignation. L'impuissance ressentie en face de ce qui vous domine peut vous donner ce qu'il faut de courage pour inventer un moyen de remédier à ce que vous considérez comme injuste ou qui vous révolte.

Le message

Dans une révolte, ce n'est pas le problème qui compte, mais la solution que vous allez inventer et mettre en œuvre. Certains sont toujours révoltés. Ils puisent dans ce qui devient vite une drogue l'énergie qui leur manque pour continuer à vivre. Malheureusement, ils ne sortent pas de cette expérience négative et ne cherchent pas à atteindre des buts positifs. Ils ne vivent que pour et par la révolte. D'autres ont peur de se laisser entraîner dans ce sentiment de révolte. Ils préfèrent rester dans l'impuissance (voir plus haut « L'impuissance »), avec le risque de tomber dans une dépression à cause de leur incapacité à s'opposer à ce qui les opprime.

Comment sortir de cette situation ?

Vous devez identifier les besoins qui sont en cause, ainsi que les valeurs que vous estimez bafouées. Ensuite, utilisez l'énergie de cette émotion pour qu'elle vous amène à découvrir les actions nécessaires pour résoudre ou apaiser la situation. Dans ce cas, c'est l'imagination qui doit être au pouvoir (voir chapitre 12, « La puissance de l'imagination »).

Chapitre 7

Le dictionnaire émotionnel du stress

À l'heure actuelle, 56 % des Français – soit plus d'une personne sur deux – souffrent régulièrement d'angoisse, et six millions d'entre eux vivent dans un état dépressif. En termes de mortalité, le stress est devenu un facteur de risque plus important que le tabac et, d'après certaines enquêtes, il apparaît que 50 à 70 % des consultations chez le médecin sont motivées avant tout par le stress.

Avec un Français sur sept qui consomme régulièrement des tranquillisants ou des antidépresseurs, la France arrive largement en tête des pays occidentaux pour la consommation des médicaments psychotropes. Notre consommation est même supérieure de 40 % à celle des Américains, qui eux sont les champions du monde des anti-inflammatoires. En dehors de la prise de médicaments, près de neuf millions de cachets de somnifère sont avalés chaque soir par nos concitoyens, et tout le monde sait que la consommation d'alcool et de tabac est une manière de compenser les problèmes liés au stress et à la dépression.

Nous ne sommes pas préparés à affronter les troubles de l'existence. Cela ne s'apprend pas à l'école, et chacun se débrouille comme il peut. Mais une mauvaise gestion des émotions a des conséquences dramatiques : fatigue chronique, anxiété, dépression, maladies cardio-vasculaires, affaiblissement du système immunitaire, certains cancers, etc.

L'organisation de ce chapitre suit la manière dont les émotions apparaissent et s'enchaînent les unes après les autres comme une chute dans un escalier. C'est ainsi que la déception précède le découragement qui, si vous ne faites rien pour y remédier, ouvrira la porte à la tristesse, qui à son tour donnera naissance à la peur, puis à l'anxiété. Sans réponse appropriée, celle-ci se transformera un peu plus tard en angoisse, en phobie ou en attaque de panique. Les émotions du stress sont semblables à ces maladies qui ne peuvent que s'aggraver tant qu'on ne les a pas identifiées et soignées correctement. Le but de ce chapitre est donc de vous aider à reconnaître et traiter chacune de ces émotions avant qu'elles ne prennent une forme plus grave.

La déception

Après une grosse déception, la tentation est grande d'abandonner ou de limiter ses ambitions. Vous trouvez alors plein de bonnes raisons et de justifications pour légitimer cet abandon. La déception est un stress plus ou moins important, qui se manifeste lorsqu'une attente ou un espoir ne s'est pas réalisé ou lorsqu'il n'a pas été comblé. Vous ne pouvez pas être déçu sans avoir eu une attente préalable.

Le message

Le contenu de la déception est clair. Il affirme : « Ne te décourage pas, ne renonce pas, et fais ce qu'il faut pour retrouver des forces et aller de l'avant. »

Comment sortir de cette situation ?

La déception est à la mesure de la différence qui existe entre ce que vous vivez et ce que vous aviez espéré vivre. Mais c'est aussi une formidable occasion d'identifier vos véritables désirs, de comprendre ce qui se passe, et d'en tirer des leçons pour mieux réussir la prochaine fois.

Exercice : sortir de la déception

Quand vous êtes déçu par quelque chose ou par quelqu'un, commencez par identifier précisément le désir qui n'a pas été satisfait en répondant aux questions suivantes : Concernant cette déception, qu'est-ce que j'attendais précisément et qui ne s'est pas produit ? Qu'est-ce que j'aurais voulu avoir et que je n'ai pas ?

....

....

Qu'est-ce que j'ai très exactement perdu ?

....

....

....

Cette enquête doit être minutieuse et ne pas se borner à des généralités. Définissez précisément et concrètement le manque réel, c'est-à-dire ce que vous avez perdu ou ce qui vous manque dans cette affaire. Sinon, ce travail ne servira à rien.
Ensuite, évaluez équitablement les responsabilités grâce aux questions suivantes : En quoi suis-je véritablement responsable de ce qui s'est passé ? Quelle est ma part de responsabilité dans cette affaire ?

....

Qu'est-ce que j'aurais pu ou dû faire pour éviter que cela n'arrive ?

....

....

....

Cette recherche viendra équilibrer la part de responsabilité que vous faites généralement porter aux autres et qui parfois atteint les 100 % lorsque vous êtes très déçu ! C'est aussi une porte ouverte au dialogue et à la réconciliation.

La déception croisée

Lorsque deux personnes sont déçues l'une par l'autre, notamment à l'intérieur d'un couple, il est conseillé à chacune d'elles de compléter l'exercice précédent en inversant les questions, ce qui donne :
– Qu'est-ce que l'autre attend de moi ? (Identifiez le ou les désirs précis)
– Comment est-ce que je réponds à ses attentes ? (Faites la liste des réponses)
– Qu'ai-je reçu ?
– Qu'ai-je donné ?
– Qu'est-ce que je n'ai pas reçu ?
– Qu'est-ce que je n'ai pas donné ?

Le découragement

Cette émotion fait suite à des échecs répétés et vous donne l'impression que vous n'êtes pas capable de réussir quelque chose. Le découragement résulte du manque de confiance en soi, du manque de ténacité, ou d'une faiblesse du courage. Il découle obligatoirement d'une évaluation (négative) d'un but et des efforts à fournir pour l'atteindre. Le problème ne se trouve donc pas dans vos capacités, mais dans votre manière de les utiliser.

Le message

Le découragement vous invite à regarder le problème en face pour trouver une meilleure manière de vous y prendre : « Comment pourrais-je faire autrement pour y arriver ? »

Comment sortir de cette situation ?

Vous pouvez gémir et geindre sur votre incapacité, sur votre manque d'entrain ou sur n'importe quelle autre difficulté. Mais vous pouvez aussi examiner plus attentivement l'objectif à atteindre pour revoir votre manière de faire.

Exercice : sortir du découragement

Si une difficulté vous semble trop importante au point de vous enlever tout courage, vous pouvez découper ce travail en plusieurs éléments plus maniables et moins démoralisants. Par exemple, si vous êtes découragé à la simple idée de devoir ranger votre maison, morcelez ce travail en plusieurs petites séquences simples réalisables sans trop d'effort. Au lieu de vouloir ranger votre maison d'un seul coup (et de ne rien faire), commencez par ranger une pièce. Ensuite, peut-être un autre jour, vous rangerez une autre pièce, et ainsi de suite jusqu'à ce que le travail soit terminé.

Si c'est encore trop lourd, vous pouvez au moins chercher à mettre un peu d'ordre dans un endroit de la pièce, ou simplement faire la liste de tout ce que vous avez à faire. L'essentiel, c'est de faire quelque chose ! Lorsqu'une petite séquence est terminée, sachez prendre le temps d'observer ce qui a été fait. Vous vous donnez ainsi du courage en constatant qu'il y a maintenant moins de choses à faire et que vos premiers efforts ont été couronnés de succès.

Un vieux Chinois dit un jour à son fils : « Toi qui as étudié, tu pourras peut-être trouver un moyen d'enlever ce gros caillou qui est dans le jardin, pour le porter au sommet de la colline. » Toute la journée, le fils essaie de déplacer la lourde pierre. Il emploie toute sa force, toute son intelligence, toute sa ruse et tous ses muscles. Mais rien n'y fait, la pierre ne bouge pas. Le soir venu, il avoue son échec à son père qui lui dit en souriant doucement : « Pourquoi n'as-tu pas pensé à la briser, et à la transporter morceau par morceau ? »

Il est facile de se laisser aller au découragement et d'abandonner ce qu'on a entrepris. Mais comme le disait Charles Péguy dans *Le Porche du mystère de la deuxième vertu*, « c'est d'espérer qui est difficile », car il faut beaucoup de courage pour continuer quelque chose quand tout invite à abandonner.

L'impuissance

L'impuissance est un découragement poussé à l'extrême. C'est le résultat d'une évaluation personnelle concernant des obstacles qui vous empêchent d'agir ou d'atteindre votre but. Pour être découragé, il faut d'abord avoir considéré que certains obstacles étaient absolument insurmontables. Cela ne veut pas dire qu'ils le sont réellement, mais simplement que vous les considérez comme tels et que vous vous sentez incapable de les dépasser.

Le message

L'impuissance vous invite à faire la distinction entre le pouvoir réel dont vous disposez et celui qui n'est pas entre vos mains.

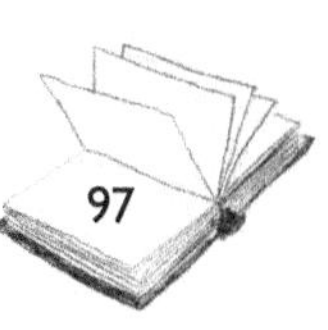

Vous pouvez continuer à affirmer votre impuissance en accusant les autres d'être responsables de tous vos maux, mais vous pouvez aussi faire preuve de courage en regardant les choses en face.

Exercice : sortir de l'impuissance

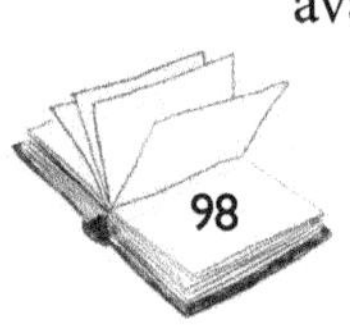

Commencez par identifier ce que vous n'osez pas faire en vous posant les questions suivantes.

Pourquoi ou en quoi est-ce que je me sens impuissant ?

....

....

Qu'est-ce qui me paraît insurmontable ? Qu'est-ce que je me sens absolument incapable de faire ?

....

....

....

Une fois cela établi, c'est à vous de voir ce qui est réalisable ou pas. Vous pouvez fractionner la difficulté en plusieurs éléments plus maniables ou plus faciles à exécuter. Vous pouvez aussi faire en sorte d'améliorer vos compétences de manière à pouvoir agir plus librement et plus efficacement.

L'écœurement et le dégoût

Le message

L'écœurement vous indique qu'une limite a été dépassée, que quelque chose vous écrase ou se révèle infranchissable : « je suis écœuré ! », « je suis allé au bout de mes capacités, mais rien n'y fait », « je n'aurais jamais cru cela possible », etc.

Le dégoût cache souvent une réalité que vous refusez de vous avouer. Il est généralement synonyme de rejet ou de trop-plein. Par exemple, la peur des araignées ou des souris peut cacher une répulsion (ou une envie refoulée) de choses beaucoup plus inavouables que vous préférez transférer sur ces petits animaux. Il faut savoir réagir dès les premiers signes de dégoût ou d'écœurement, car plus vous attendez, moins vous avez d'énergie pour trouver une réponse adéquate.

Comment sortir de cette situation ?

Ces émotions sont doubles, car elles contiennent à la fois de la colère (à cause de ce qui vous arrive) et de la tristesse (à cause de votre incapacité à faire face à la situation).

Commencez par accepter de vivre complètement votre colère (voir chapitre 6, « La colère ») avant de pouvoir ressentir profondément votre tristesse (voir ci-dessous). Ces deux étapes permettent de découvrir ce qui vous manque ou ce que vous avez perdu. Consacrez suffisamment de temps à traverser chacune de ces deux couches émotionnelles, car ce n'est qu'ensuite que vous pourrez découvrir et mettre en œuvre ce qu'il convient de faire pour répondre à ces émotions.

La tristesse

La tristesse couvre une large palette d'émotions comme le cafard, la mélancolie, la morosité, la déprime, le chagrin, le deuil… Elle est d'autant plus importante et douloureuse que vous êtes touché par l'absence ou par la perte d'une personne, d'un objet, d'un animal ou d'une situation.

Le message

La tristesse vous dit qu'il y a un manque à combler, un besoin affectif en souffrance ou quelque chose de raté.

Les mauvaises solutions

La société et les bonnes manières vous empêchent souvent de vivre pleinement cette émotion. On vous invite à faire contre mauvaise fortune bon cœur, à garder le sourire, à ne pas vous laisser aller, à faire un petit effort… Mais le refoulement ne sert à rien, car même cachée, l'émotion demeure présente.

Lorsque la douleur devient insupportable, certains transforment leur tristesse en colère. Ils ont ainsi la sensation de faire quelque chose en s'attaquant par la pensée, par la parole ou par les actes à celui qu'ils estiment responsable et coupable de leur manque.

Ceux qui ont du mal à s'affirmer ou à se mettre en colère vont décharger leur tristesse en l'extériorisant avec des larmes. Ce sera leur manière à eux de montrer leur impuissance et leur frustration.

Rester dans une mélancolie sans fin, ruminer sa vengeance, attaquer un supposé coupable pour le détruire, ou pleurer à longueur de journée sur son malheur ne sert à rien si cela ne conduit pas à rechercher le véritable manque ou le véritable besoin en souffrance (voir l'exercice ci-après).

Comment sortir de cette situation ?

Avant de pouvoir travailler sur votre tristesse, commencez par la reconnaître et par l'accepter, avec toute la vulnérabilité et la mise en danger que cela implique. Cette démarche est importante, car si vous ne reconnaissez pas vos faiblesses, vous allez vous concentrer sur les défauts ou sur les torts de l'autre en le considérant comme responsable et coupable de votre tristesse. C'est d'ailleurs ce qui se passe dans de nombreux couples quand l'un ou l'autre (sinon les deux) refuse de montrer sa vulnérabilité en cachant ses besoins affectifs réels (voir chapitre 4, « L'embarras » et un peu plus haut « La déception croisée »).

Pour traverser la tristesse d'une perte ou d'un deuil, il vous faudra expérimenter une à une toutes les autres émotions qu'elle peut contenir. L'exercice suivant va vous amener à traverser dans l'ordre : la dénégation, la colère, la négociation et la dépression, avant d'accéder à une acceptation sereine qui ouvre la porte à la reconstruction.

Exercice : pour sortir de la tristesse

1) La dénégation

Le fait d'analyser avec précision ce que l'on a perdu aide à accepter la réalité de la perte. Pour surmonter la dénégation ou le refus de ce qui vous manque, décrivez simplement ce que vous avez perdu.

J'ai perdu ____

2) La colère

Pour exprimer votre colère, identifiez celui que vous pensez être "coupable" de votre malheur.

Je suis fâché contre _______________________________________

parce que ____

3) La négociation

La troisième étape correspond au stade de la négociation. Elle vous permet de réfléchir aux moyens de retrouver ce que vous avez perdu, mais sans aggraver le problème, car il arrive souvent qu'on agisse trop vite sans réfléchir. Si vous êtes certain de ne jamais pouvoir retrouver ce que vous avez perdu, utilisez la variante "Si je retrouvais…".

Quand je parlerai de ce qui m'arrive à ______________ je dirai ____________

____

____

Variante :

Si je retrouvais ce que j'ai perdu, je promets de ____________________

____

____

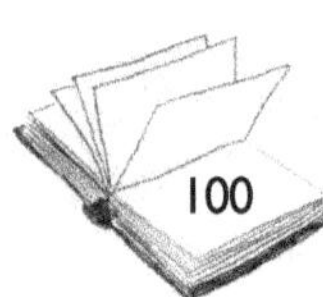

4) La dépression

Pour finir de traverser la dépression (un moment de creux) qui accompagne toujours une perte, efforcez-vous de trouver quatre adjectifs qui décriront le mieux possible ce que vous ressentez. Cette étape n'est pas la plus simple, car plus vous décrivez ces considérations avec précision, plus elles tendent à se modifier.

Adjectif : ....   Définition : ....

....   Définition : ....
Adjectif : ....

Adjectif : ....   Définition : ....

Définition : ....
Adjectif : ....

5) L'acceptation

Cette avant-dernière étape aide à reconnaître et à accepter sereinement la réalité de la perte. Pour cela, prenez conscience des avantages ou des bénéfices que vous pouvez en retirer.

J'ai irrémédiablement perdu ....
Mais en même temps, j'ai gagné (retrouvé, récupéré, etc.) ....

....
Cette recherche ne peut s'effectuer que lorsque toutes les étapes précédentes de la procédure ont été correctement menées.

6) La reconstruction

Pour finir de traverser la tristesse et pour passer du statut de victime à celui de créateur de sa vie, définissez en vingt-cinq mots maximum les mesures que vous comptez prendre pour surmonter votre chagrin, pour compenser votre perte et pour sortir de votre situation. Cette description doit répondre aux questions suivantes : "Que vais-je faire ?", "Avec qui ?", "Quand ?", "Où ?", "Comment ?" et "Pourquoi ?".

....

....

....

La peur

Les termes pour qualifier la peur sont nombreux et varient selon son intensité : crainte, appréhension, trac, effroi, frayeur, épouvante, terreur… La crainte ou l'appréhension sont des peurs de faible intensité. Le trac est un mélange plus ou moins désagréable d'excitation à l'idée de réussir quelque chose et de peur de ne pas y parvenir. L'effroi, la frayeur ou l'épouvante sont des peurs intenses en rapport avec des menaces violentes ou extraordinaires. Enfin, la terreur est une peur extrême qui vous rend incapable de réagir. C'est cette dernière émotion que les terroristes ou les dictateurs cherchent à créer chez des populations entières pour mieux les contrôler.

La peur est généralement déclenchée par la perception d'un danger éventuel à venir. Elle n'est donc pas toujours objective. C'est souvent une projection mentale dans le futur. Vous commencez par imaginer ce qui pourrait se produire, et ensuite, vous tremblez à l'idée de ne pas savoir quoi faire si jamais cet événement se produisait. Mais la plupart des choses qui vous font trembler ne sont que des scénarios virtuels qui ne se réalisent jamais.

Cependant, et par certains aspects, la peur est utile, car si elle n'évite pas le danger, elle a au moins le mérite de vous le signaler. Dans ces cas-là, la peur vous dit peut-être que vous n'êtes pas assez préparé, que vous devriez vous informer ou vous organiser davantage. C'est votre pédale de frein pour ralentir avant d'aborder un virage dangereux. Dans certains cas, elle aide à mieux encaisser un choc douloureux. Le courage consiste à dominer sa peur et à s'en servir utilement au lieu de la refuser ou de la nier. Seuls les inconscients n'ont jamais peur.

Le message

Selon les situations, la peur porte l'un ou l'autre de ces messages :

- soit elle indique une incapacité ou une inaptitude (par exemple, « si j'ai peur des autres ou si j'ai peur d'être rejeté, c'est parce qu'au fond de moi, je pense que je ne suis pas digne d'être aimé ») ;
- soit elle prévient qu'il y a un danger possible (« si je vois des gendarmes sur le bord de la route, je ralentis immédiatement… »).

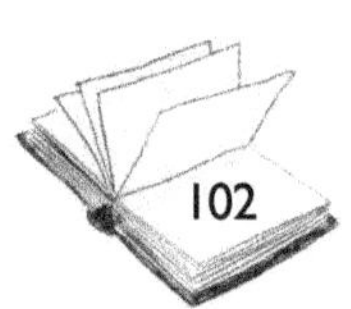

Comment sortir de cette situation ?

La peur est une émotion d'anticipation : elle pousse à éviter des choses qui paraissent dangereuses, inquiétantes ou démesurées. Mais ces craintes ne sont pas toujours fondées. Il est donc indispensable de savoir différencier les peurs rationnelles des peurs irrationnelles :

- les peurs rationnelles signalent un danger réel et objectif. Vous devez absolument tenir compte d'elles. Elles ne vous empêchent pas d'avancer et sont utiles, car elles vous évitent des ennuis ou des accidents ultérieurs (« la peur de tomber me fait marcher précautionneusement sur le sol verglacé ») ;
- les peurs irrationnelles sont celles qui, au-delà de toute logique, vous empêchent d'avancer ou vous paralysent : peur de parler en public, peur d'aborder un inconnu, peur d'être enlevé par des extraterrestres, etc.

Exercice : identifier le type de peur

Pour identifier le type de peur qui vous envahit, posez-vous les questions ci-après. Vos réponses vous permettront de voir s'il s'agit d'une peur rationnelle à laquelle vous pouvez réagir ou d'une peur irrationnelle qu'il est possible de désensibiliser, de neutraliser, de désactiver.

Concernant cette peur, qu'est-ce qui pourrait m'arriver de pire ?

....

Cela peut-il objectivement se réaliser ?

....

Quelle est la chose la plus horrible qui pourrait se produire dans cette situation précise ?

....

Cela peut-il objectivement se réaliser ?

....

Qu'est-ce qu'on me ferait si jamais je…

....

Cela peut-il objectivement se réaliser ?

....

L'anxiété

L'anxiété ou l'appréhension est une peur diffuse, un mécanisme d'évitement qui contient à la fois de la peur et une grande part de stress. C'est un état désagréable, apparemment sans cause précise, mais dont il n'est pas trop difficile de trouver l'origine. Le stress de l'anxiété possède des caractéristiques bien particulières : nœud à l'estomac, tension physique, gestes nerveux, tics, affolement intérieur, etc. Plus l'anxiété grandit, plus elle envahit l'esprit, rend nerveux et gêne la concentration ou fait trembler.

Le message

L'anxiété signale une peur imprécise. Vous craignez quelque chose, et en même temps, vous cherchez à l'éviter. C'est un espace de conflit entre cette chose que vous refusez de voir clairement et votre peur de la voir.

Quand vous ressentez de la peur, vous savez précisément de quoi vous avez peur. Quand vous ressentez de l'anxiété en revanche, l'objet redouté est un peu moins repérable. Il y a certes un refus, mais vous pouvez l'identifier sans trop d'effort.

Si vous ne vous attelez pas à votre difficulté, les problèmes vont s'accumuler et ouvrir la porte à l'angoisse, qui est une émotion beaucoup plus lourde à vivre, notamment parce que son origine n'est plus très claire. Avec l'anxiété, le problème n'était pas trop loin, alors qu'avec l'angoisse, il semble ne plus exister et vous ne savez pas pourquoi vous êtes angoissé.

Comment sortir de cette situation ?

Il vous faut chercher précisément ce qui se cache derrière cette émotion.

Exercice : débusquer le coupable

Posez-vous les questions suivantes, dans le but de trouver l'élément absolument responsable et coupable de votre état.

Dans cette situation, de quoi ai-je peur exactement ? Quelle est la chose qui me fait vraiment peur ?

....

....

....

Qu'est-ce qui me serait le plus pénible dans cette affaire ? Qu'est-ce que je voudrais ne pas voir ? Quel est l'élément précis que je redoute le plus ?

....

....

....

La découverte de l'élément perturbateur apporte généralement un soulagement et une détente immédiate.

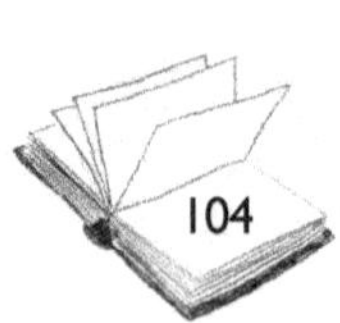

L'angoisse

L'angoisse est une émotion de peur bien plus profonde et bien plus pénible que l'anxiété. Elle est à l'origine des crises d'angoisse ou des attaques de panique. Cette émotion extrêmement désagréable envahit, sans raison apparente et plus ou moins durablement, l'espace psychologique. Elle se manifeste sans que vous sachiez pourquoi parce qu'elle prend la place d'une émotion que vous refoulez. Elle est le champ de bataille entre deux forces intérieures qui s'opposent en vous : d'un côté un sujet ou un sentiment important qui tente d'émerger, et de l'autre, votre refus de regarder en face ce sujet ou ce sentiment important.

À quoi sert l'angoisse ?

L'angoisse est un signal destiné à vous avertir que vous vous battez contre vous-même. Vous empêchez ou refoulez l'expression d'une partie de ce que vous êtes. C'est la guerre entre un désir et son refus de l'envisager. L'angoisse est un symptôme, au même titre que l'insomnie, certains maux de tête, de dos ou d'autres réactions psychosomatiques. Malgré ce que vous pensez, l'angoisse ne surgit pas sans raison. À chaque fois qu'elle se manifeste, c'est parce qu'il y a une image mentale, une pensée, une situation, une parole, une personne ou n'importe quoi d'autre qui vous a rappelé le sujet tabou que vous refusez d'aborder.

Aussi longtemps que vous refuserez ou que vous repousserez ce à quoi vous ne voulez pas vous confronter, l'angoisse viendra occuper tout l'espace. Votre inconscient ne tolère pas que ses messages ne soient pas pris au sérieux, alors si ce signal d'angoisse ne donne pas de résultats, il en enverra d'autres plus puissants pour vous obliger à regarder ce que vous ne voulez pas voir.

Dans l'angoisse, le refoulement est tel que vous ne savez plus de quoi vous avez peur.

Les symptômes de l'angoisse se situent en général au niveau de la poitrine et font parfois croire à un problème cardiaque. Les grands moments d'angoisse s'accompagnent de l'un ou l'autre de ces symptômes : poitrine oppressée, estomac noué, nausées, transpiration abondante, palpitations, étourdissement, impression d'évanouissement, etc. La respiration est alors toujours très haute (ce sont les épaules qui se soulèvent, et non plus le ventre qui se gonfle). Plus vous vous crispez, plus la respiration remonte, et plus elle est haute, courte, saccadée, et plus vous vous crispez. C'est un cercle vicieux qu'il faut absolument rompre le plus vite possible (voir chapitre 2, « Calmer ses émotions »).

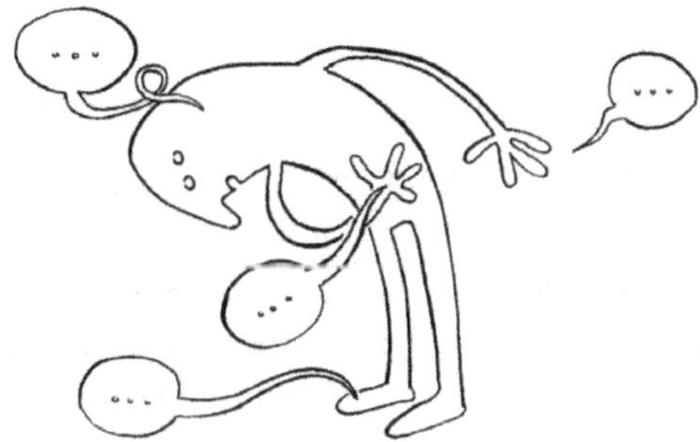

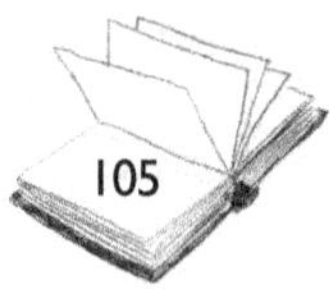

Le message

Ce signal d'alarme vous dit qu'une émotion est refoulée depuis trop longtemps et qu'elle voudrait que vous vous occupiez d'elle. Les symptômes de l'angoisse sont le seul moyen qui reste à cette émotion pour tenter de traverser votre refus de l'entendre.

Comment sortir de cette situation ?

L'angoisse est caractérisée par l'idée d'un danger imminent que vous voudriez éviter mais sans savoir comment. Plus vous vous sentez mal, plus vous avez envie de vous en sortir. Mais plus vous cherchez à vous en débarrasser, moins vous trouvez de solution, et plus le problème vous paraît grave et insoluble, ce qui augmente d'autant votre envie de vous en débarrasser et de trouver une solution. Or vous n'en trouvez pas…

En continuant à dialoguer avec l'angoisse, la seule chose dont vous pouvez être sûr est que vous allez vous enfoncer davantage dans les zones marécageuses où elle vit. Quand vous êtes au cœur de l'angoisse, plus vous cherchez, moins vous trouvez, et plus vous vous inquiétez de la gravité de la situation. Ce cercle vicieux renforce à chaque fois en vous l'idée d'être sous la menace d'un grave danger, ainsi que le désir d'y échapper.

Exercice : calmer l'angoisse

Dès qu'une angoisse se manifeste, réagissez et ne commencez surtout pas à chercher ce qui ne va pas. Plus vous chercherez, plus vous vous enfoncerez dans les profondeurs de l'angoisse.

Commencez par faire redescendre votre respiration toujours très haute pour qu'elle redevienne abdominale. Au début, forcez-vous à respirer volontairement avec le ventre. Ce geste procure une amorce de détente qu'il vous faudra cultiver et développer en continuant à respirer de plus en plus calmement et profondément, au fur et à mesure que la détente s'installera (voir chapitre 2, « Émotions et respiration »).

Les stratégies de l'angoisse

Pour mieux vous défendre face à l'angoisse, il est indispensable de connaître les moyens qu'elle utilise pour vous garder sous son pouvoir.

« L'angoisse m'empêche de réfléchir »

L'angoisse hurle tellement fort et vous fait tellement peur, que vous ne pouvez penser à rien d'autre. Vous êtes hypnotisé par votre terreur, par votre souffrance et par votre incapacité à vous en sortir. Plus vous restez dans l'angoisse, plus vous lui laissez de temps pour prendre possession de votre esprit. Au fur et à mesure que cette sensation gagne du terrain, votre univers de pensée se restreint à cette angoisse, et vous donne l'impression que vous ne pourrez jamais vous en sortir.

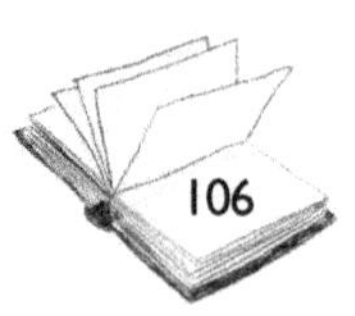

Solution : penser à autre chose

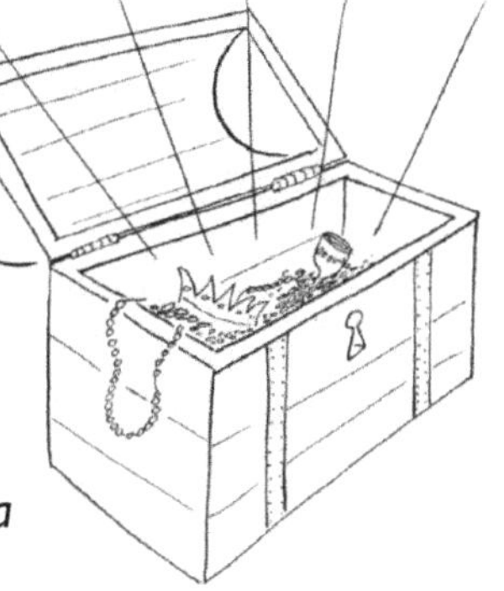

Pour sortir de cette situation quasi hypnotique, rappelez-vous que l'angoisse n'est qu'une illusion et que vous n'avez rien à gagner à l'écouter ou à lui faire confiance…

La réponse n'est pas dans l'angoisse, mais dans la paix et la détente qu'il faut tenter de retrouver. Pour brouiller efficacement les signaux d'angoisse que vous recevez et sortir de cet enfer, évoquez suffisamment longtemps une pensée agréable comme un souvenir de vacances ou n'importe quoi d'autre qui vous apporte détente et réconfort et que vous aurez, bien sûr, choisi à l'avance.

Cela a l'air simple, mais quand on est submergé par l'angoisse, il faut de la volonté et beaucoup de courage pour oser penser à autre chose !

« L'angoisse m'enferme dans le temps »

Quand vous êtes dans l'angoisse, vous ne voyez pas le bout du tunnel. Vous vous sentez prisonnier d'une souffrance qui semble ne jamais devoir cesser. Le même film d'horreur se déroule et se répète à l'infini. Ce manque de solutions alternatives est la raison pour laquelle le suicide (notamment chez les jeunes) paraît être l'unique moyen de mettre un terme aux souffrances.

Solution : savoir que cela s'arrêtera

Lorsque l'angoisse vous prend à la gorge, forcez-vous à penser que ce n'est pas la première fois que vous êtes angoissé. Cela s'est déjà produit et, surtout, cela s'est arrêté. L'angoisse fonctionne comme n'importe quelle émotion ou action : il y a toujours un début, une certaine durée (un déroulement) et une fin. Il en sera de même cette fois-ci pour cette angoisse qui vous submerge. Cette situation ne va pas durer éternellement. Elle va obligatoirement s'arrêter et relâcher son étreinte qui vous serre la poitrine. Inutile de paniquer ! En attendant, respirez tranquillement, détendez-vous et pensez à autre chose. Plus tard, lorsque la crise sera passée, vous vous occuperez de faire émerger votre problème, de l'analyser et d'y remédier, mais pour l'instant, ce n'est pas le moment de le faire.

« Elle me fait croire que c'est mon angoisse »

L'astuce utilisée par l'angoisse est de vous faire penser que si vous cherchez à vous débarrasser de cette souffrance, c'est la preuve qu'elle existe réellement. Vous ne pouvez pas vouloir vous débarrasser de quelque chose qui n'existerait pas ! L'angoisse vous empêche de penser à autre chose en vous poussant à croire qu'il faut continuer à réfléchir et à chercher une solution.

Solution : sortir de ce piège

Un simple doute suffit à enrayer la machine. Pensez à vous dire : « Non, je refuse de rentrer dans ce jeu, je n'ai rien à y gagner et tout à y perdre. Inutile d'avancer sur ce terrain truffé de pièges, il vaut mieux attendre que la zone soit sécurisée avant de m'y aventurer. »

Vous pouvez aussi vous poser les questions suivantes :

À qui appartient cette idée ?

....

....

À quoi tout cela va-t-il aboutir ?

....

....

Qui me demande d'être angoissé ?

....

....

Que va-t-il m'arriver si je m'engage sur ce terrain dangereux ?

....

....

L'objectif est de décrédibiliser les arguments de l'angoisse pour faire baisser son intensité.

Comment sortir de cette situation ?

La meilleure chose à faire avec l'angoisse est de vous pencher sur ce que vous tentez de repousser. Mais encore une fois, *cela ne peut pas* se faire lorsque vous êtes angoissé.

Vous pouvez vous aider vous-même en vous interrogeant sur ce que vous tentez de repousser ou que vous affirmez ne pas voir. Grâce à la détente que procure la respiration abdominale, vous entrerez plus facilement en contact avec ce qui vous fait tellement peur et que vous étiez jusqu'ici incapable de voir.

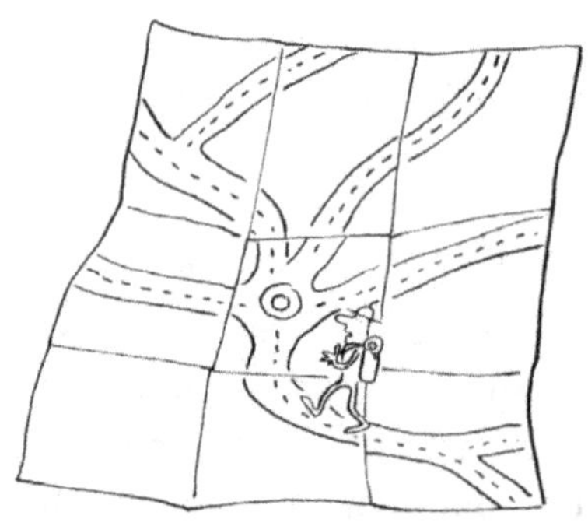

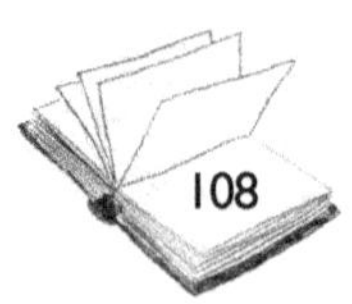

Exercice : éteindre l'angoisse

Lorsque l'angoisse est calmée et que le terrain semble un peu plus sûr, c'est le moment d'enquêter sur ce que vous repoussez avec tant d'énergie. Généralement, il s'agit d'un sujet difficile auquel vous n'avez pas envie de vous confronter (l'aide d'une personne compétente est souvent nécessaire). Pourtant, c'est en abordant le problème avec assurance et confiance que vous permettrez au processus émotionnel refoulé de suivre son cours.

Pour trouver le problème refoulé, posez-vous les questions suivantes :

Par rapport à cette angoisse, qu'est-ce que je ne veux absolument pas voir ?

....

....

De quoi ne faut-il absolument pas parler ?

....

À quoi ne faut-il pas penser ?

....

Quel est le sujet le plus improbable ?

....

Qu'est-il impossible d'aborder ?

....

....

Lorsqu'un sujet émerge, saisissez-le immédiatement. Vous commencez à avoir prise sur quelque chose. Mais ne vous arrêtez pas là. Approfondissez la question pour permettre à l'émotion correspondante de s'exprimer librement.

Il est évident que si vous ne vous attachez pas vraiment à résoudre votre problème ou que vous repoussez sans fin le moment de faire quelque chose, vos angoisses réapparaîtront.

Ce matin, en me réveillant, je sens que l'angoisse n'est pas loin. Mais aujourd'hui, je suis décidé à ne pas tomber dans son piège. Mon esprit est surchauffé, la peur est toute proche. J'hésite un peu, je m'allonge sur le dos et je commence à respirer calmement en gonflant et en dégonflant mon ventre. D'habitude, lorsque je suis angoissé ou simplement tendu, je respire avec le thorax. C'est ma poitrine qui monte et qui descend, pas mon ventre. J'ai même remarqué que, lorsque je suis prêt à paniquer, ma respiration est tellement haute et petite que j'ai l'impression de respirer avec les épaules.

Cette fois-ci, je continue à respirer tranquillement en gonflant et en dégonflant mon ventre, sans effort. Dans le même temps, je prends conscience que mes mains sont crispées. Alors je les ouvre et les détends. Je me sens mieux, je continue à respirer et à détendre chacune des autres parties de mon corps : les bras, les jambes, les pieds, etc.

Maintenant, je me sens apaisé. Je décide qu'au lieu de repousser ces pensées qui m'inquiètent, je vais les laisser venir à ma conscience. Aujourd'hui, je suis décidé à ne pas résister et à laisser venir tout ce qui se présentera. À peine ai-je commencé à me mettre dans cet état d'esprit que

*j'ai l'impression que quelque chose m'écrase la poitrine et me crispe le ventre. L'angoisse est là ! Je la reconnais. Je me sens accablé, j'ai envie de fuir, de me cacher… **Mais au lieu de faire comme d'habitude, je me force à respirer volontairement par le ventre.** Je sens le calme revenir et je laisse la porte de mon esprit s'ouvrir. Au fur et à mesure que je me détends, je me sens terriblement découragé par l'ampleur du problème. J'en ai assez de cette vie, je voudrais changer (de travail, de compagnon…), mais je ne peux pas le faire. La situation me paraît insoluble.*

Pourtant, je réalise que quelque chose s'est modifié. Maintenant que le stress se relâche, je deviens capable de réfléchir à mon problème sans être angoissé. Les choses ne sont pas changées pour autant, mais je suis devenu capable d'y réfléchir et de chercher une solution. C'est un énorme progrès.

En prenant conscience de cela, mon angoisse disparaît complètement pour faire place à une autre émotion qui ressemble à de la colère. C'est vrai, cette situation ne peut plus durer ! Maintenant, il faut que je fasse quelque chose pour détruire cet obstacle qui me gâche la vie. Je n'en ai plus peur. C'est décidé, je passe à l'action.

Ça s'en va et ça revient…

Au fur et à mesure que vous laissez émerger ce qui était refoulé (et que vous l'examinez à la lumière de l'intelligence et de la compréhension), l'angoisse diminue et finit par disparaître. Mais rien ne dit qu'une angoisse ne se remanifestera pas à nouveau un jour ou l'autre. Si cela arrive, ce n'est pas le signe que l'outil n'était pas bon ou que vous vous y êtes mal pris. C'est simplement la preuve qu'il y a une autre émotion refoulée qui voudrait que vous vous occupiez d'elle.

Plus vous serez capable de vaincre et de dépasser les moments d'angoisse, plus vous vous sentirez fort, et moins vous serez impressionné par ce genre de situation. Au fil de vos efforts et de vos victoires, l'angoisse deviendra une émotion de moins en moins effrayante et de plus en plus facile à contrôler.

La panique

Les crises de panique ou les crises d'angoisse sont des manifestations particulièrement violentes de l'angoisse. Ces moments terribles apparaissent n'importe où, n'importe quand et apparemment sans raison précise. Pourtant, même s'il est très banal, il y a toujours un élément déclencheur à la crise : un mot, une odeur, une conversation, un souvenir ou n'importe quoi d'autre. Par exemple, le simple fait d'avoir peur de paniquer peut suffire à déclencher une panique.

Le message

Vous pouvez banaliser les problèmes, tolérer des choses inacceptables, ou négliger des aspects importants de votre vie, mais un jour ou l'autre, votre organisme ne pourra plus supporter ce qui déséquilibre votre vie. Pour vous avertir du danger que représente votre inaction, il vous envoie des signaux de plus en plus forts, au fur et à mesure que vous vous entêtez à ne pas écouter ses messages d'alerte. C'est ainsi que vous passez de l'anxiété à l'angoisse, puis de l'angoisse aux crises de panique, avant que les phobies ne viennent couronner le tout.

La crise de panique (*panic attack*) n'est pas un problème en soi, c'est uniquement l'indication qu'il y a un problème profondément refoulé dont vous refusez de vous occuper. Ce signal d'alarme de votre organisme vous dit qu'il ne supporte plus la pression que vous lui imposez en refusant de voir quelque chose d'important. Si vous ne tenez pas compte de ces avertissements, le signal d'alarme sonnera de plus en plus fort, avec des crises de plus en plus éprouvantes et de plus en plus en plus fréquentes.

Comment fonctionne une crise de panique ?

Malgré ce que vous pensez, les crises n'arrivent pas au hasard. L'enchaînement est le suivant : un élément quelconque de l'environnement fait apparaître en vous une émotion. Cette émotion génère une forte poussée d'adrénaline qui déclenche à son tour les phénomènes physiques qui vous submergent. Les symptômes sont multiples et variés : palpitations, accélération du rythme cardiaque, oppression, difficulté à respirer, bouffées de chaleur, sueurs froides, vertiges, nausées, diarrhées, bourdonnements, éblouissements, tremblements, etc. La crise peut être courte et ne durer que quelques minutes. Cependant, il arrive qu'elle dure une heure. La moyenne se situe autour de quinze minutes.

Comment sortir de cette situation ?

Dès que vous sentez venir une crise de panique, vous pouvez stopper net les premiers symptômes en vous forçant à respirer calmement par le ventre et en détendant volontairement les différentes parties de votre corps.

Exercice : pour retrouver ce qui est caché

Lorsque la crise est enrayée ou une fois qu'elle est terminée, vous avez intérêt à partir à la recherche de l'élément précis qui en est à l'origine, car c'est l'indice d'une peur préexistante encore insoupçonnée.

Pour retrouver cet élément déclencheur, posez-vous les questions suivantes.

À quoi est-ce que je pensais juste avant cette crise de panique ? Était-ce un mot, une idée, une pensée, une image ?

....

....

Cette recherche est le début du chemin qui va vous mener vers l'émotion que vous ne voyez pas et qui pourtant frappe si violemment à votre porte. Avec cette introspection, vous adoptez une attitude positive et dites à votre mental que vous tenez compte de son avertissement.

Après avoir découvert l'élément déclencheur, posez-vous les questions suivantes.

À quoi cet indice me fait-il penser ? À quoi ou à qui cet élément déclencheur est-il rattaché ? Avec quel déséquilibre est-il en lien ?

....

....

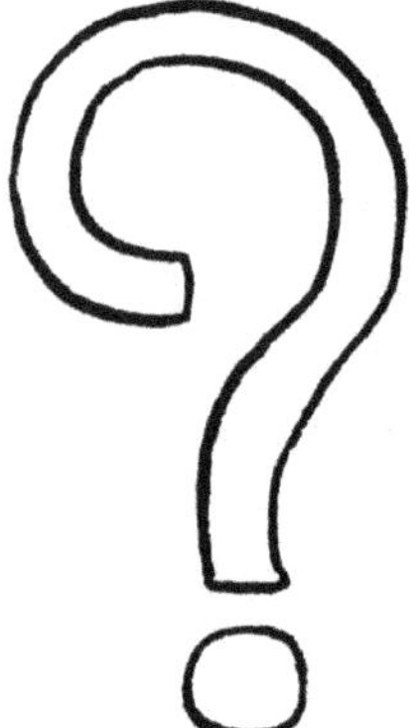

Même si vous ne voyez pas encore très bien où tout cela va vous mener, acceptez ce premier élément comme le tout premier indice du problème à résoudre.

Lorsque enfin le problème finit par s'imposer, il vous reste à l'examiner sérieusement pour le comprendre et le résoudre. Si les choses sont trop compliquées ou si c'est un problème complexe du type « poupées russes » (un problème qui en cache un autre, qui en cache un autre, qui en cache un autre, etc.), l'aide d'une personne compétente sera souvent indispensable.

En vous occupant sérieusement du déséquilibre à l'origine des crises d'angoisse, vous allez voir vos attaques de panique et vos terreurs diminuer jusqu'à disparaître complètement.

Les phobies

Certaines phobies apparaissent lorsqu'une inquiétude a été refoulée trop longtemps. Après avoir tenté d'attirer votre attention avec de l'anxiété, puis avec de l'angoisse ou des crises de panique, cette préoccupation cherche maintenant à vous interpeller avec les phobies.

Le mécanisme des phobies est le suivant. Quand vous ne supportez plus les « rappels » qui déclenchent vos paniques, vous allez éviter les endroits où celles-ci se produisent. Petit à petit et au fil des expériences, un réflexe se met en place et vous pousse à contourner les endroits

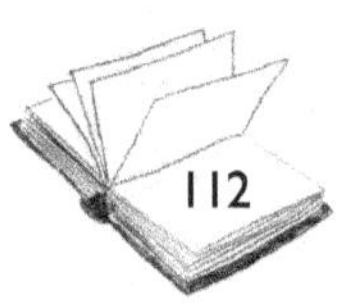

qui « activent » vos crises. Le plus souvent, ce sont les lieux clos (ascenseurs, transports en commun, avions, etc.) ou les endroits trop vastes, trop élevés, trop sombres ou trop peuplés. Les déclencheurs de crises de panique et donc de phobies peuvent être aussi des animaux (araignées, souris, serpents…), des types de personnes (les chauves, les personnes de petite taille, les borgnes ou ceux qui portent un chapeau…), ou n'importe quoi d'autre.

La phobie est un réflexe de protection qui détourne votre attention d'un véritable conflit intérieur pour la focaliser sur un danger imaginaire extérieur à éviter.

Le message

La phobie vous invite à traverser votre peur pour vous interroger sur la difficulté qui se trouve derrière cette peur et qui demande à être réglée.

Comment sortir de cette situation ?

Pour ne plus subir ces phobies, la seule solution consiste à vous arrêter de fuir pour vous interroger sur ce qui ne va pas dans votre vie. En opérant cette recherche, il ne s'agit pas de vous attarder sur l'inconfort de la situation ou de céder à la panique, mais de traverser la kyrielle de faux dangers, de problèmes ou de peurs imaginaires que vous avez inventés pour éviter de regarder en face les vrais problèmes.

Dès que vous vous mettrez à écouter le cri intérieur que vous ne cherchez plus à étouffer et après avoir traversé vos mirages et vos peurs imaginaires, vous trouverez généralement ce à quoi vous ne vouliez pas vous confronter.

En renouant le contact et en établissant un dialogue constructif avec le véritable problème qui est à l'origine de ces angoisses, les phobies n'ont plus de raison d'être et se dissolvent rapidement.

La déprime et la dépression

La déprime est à la dépression ce que le rhume est à la grippe (espagnole, asiatique ou aviaire). Si l'une est relativement bénigne et facile à traiter, l'autre demande une prise en charge professionnelle. Cependant, si vous vous sentez simplement un peu fatigué, déçu ou découragé, si vous avez le spleen, le blues ou le cafard, vous pouvez travailler sur cette déprime comme vous pourriez le faire sur n'importe quelle autre émotion. Vous éviterez ainsi que la situation ne s'aggrave.

Pourquoi déprime-t-on ?

Si vous déprimez, c'est parce que vous avez une image de vous-même amoindrie, déformée ou dépréciée. C'est ce qui se passe lorsque quelqu'un vous « invalide ». L'invalidation correspond à ce que vous subissez lorsque quelqu'un vous ridiculise, vous brise moralement ou vous discrédite d'une manière ou d'une autre sans que vous puissiez réagir ou vous défendre.

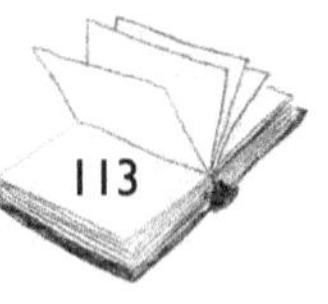

Il existe plusieurs manières de vous invalider :

- on contrecarre vos désirs, vos souhaits ou vos envies ;
- on vous empêche de penser, de faire ou d'agir comme vous le voudriez ;
- on vous empêche de savoir, de vous informer, de vous renseigner ;
- on vous impose une manière de penser ou d'agir qui ne vous convient pas ;
- on vous impose des choses irréalisables, contradictoires ou dégradantes ;
- on vous refuse ce que vous demandez ou simplement ce qui vous est dû ;
- on vous oblige à refuser des désirs, des idées ou des initiatives tout à fait normales et naturelles.

Si vous subissez ou avez subi régulièrement l'une de ces formes d'agressions sans pouvoir vous défendre, il n'est pas du tout anormal que vous vous sentiez déprimé. Vous vous sentez à la fois insatisfait, impuissant et incapable de riposter parce que vous n'avez plus assez confiance en vous pour faire face à ce qui vous arrive. C'est un cycle tragique dans lequel plus vous déprimez, moins vous avez confiance en vous. Moins vous vous sentez capable de réagir, plus vous subissez le poids de ce qui vous arrive, et plus vous vous sentez victime, plus vous déprimez. La manipulation et le harcèlement reposent tous deux sur l'invalidation (voir du même auteur *Manipulation : ne vous laissez plus faire !*).

Le message de cette émotion

La déprime vous dit que votre besoin d'être aimé (apprécié ou reconnu) est devenu plus fort que celui d'être respecté.

Comment sortir de cette situation ?

Qu'il s'agisse de déprime ou de dépression, cette émotion est faite à la fois de peur, de tristesse et de colère plus ou moins exprimées. Reportez-vous aux chapitres correspondant à ces émotions pour les traiter une à une au lieu de les nier et de les refouler dans le puits sans fond de votre conscience.

En examinant le mécanisme de cette émotion, qui s'apparente à la descente d'un escalier, il est indispensable de traiter d'abord la peur ou la tristesse, puis d'assumer la colère que vous n'osez pas exprimer clairement. Ce n'est qu'au prix de cet effort que vous retrouverez suffisamment de puissance pour arrêter la descente. Ensuite, vous pourrez remonter la pente en affirmant ce que vous êtes et en réclamant ce que vous revendiquiez jusqu'alors tout bas.

La simple reconnaissance de ce qui vous fait souffrir peut vous aider à exprimer votre colère et à faire respecter votre intégrité. Malheureusement, cela est plus facile à dire qu'à faire. Lorsque vous êtes en forme, vous parvenez aisément à exprimer votre colère et à vous faire respecter. Mais il n'en va pas de même quand vous vous sentez faible, découragé et en perte de confiance. En retrouvant le « mystère » qui était à l'origine de votre déprime, vous pourrez sortir de la léthargie dans laquelle vous étiez enfermé. Ensuite, en utilisant l'énergie contenue dans cette compréhension, vous pourrez dire ce que vous avez sur le cœur et affirmer vos désirs, vos envies ou vos besoins (voir chapitre 6, « La colère »). Si la situation vous paraît trop difficile à affronter, n'hésitez pas à faire appel à un professionnel qualifié.

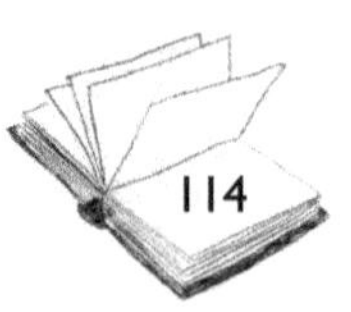

Chapitre 8

Le dictionnaire des émotions agréables

Il peut sembler étonnant de chercher à comprendre le sens des émotions agréables. Généralement, vous vous contentez de les apprécier ou d'en jouir. Pourtant, au-delà des sensations certes confortables qu'elles vous procurent, les émotions agréables contiennent elles aussi des messages utiles dont vous ne comprenez pas toujours la raison d'être ou que vous refusez parfois d'entendre. Ce n'est pas parce qu'une enveloppe est belle et agréable qu'il ne faut pas l'ouvrir pour lire la lettre qu'elle contient. C'est ainsi que vous pouvez bouder votre plaisir, refouler vos désirs ou cacher votre fierté au lieu d'en profiter.

Le désir

Le désir, l'envie, l'aspiration ont en commun le fait d'utiliser l'imagination de manière agréable. Quand vous désirez quelque chose, vous anticipez son apparition. Vous vivez à l'avance ce qui n'est encore ni réel ni concret. Qu'il s'agisse d'avoir envie de voir quelqu'un ou d'avoir quelque chose, de construire un projet, de vivre un grand amour, de recevoir ou de donner de la tendresse, d'avoir un travail épanouissant, de faire un voyage, d'avoir un enfant ou de faire l'amour, le désir correspond toujours à quelque chose d'agréable qui n'existe pas encore et qu'on souhaite voir se réaliser.

Le désir est une énergie précieuse pour passer à l'action. Mais cette énergie est toujours à la mesure du désir lui-même. Un désir puissant donne beaucoup d'énergie, il peut soulever des montagnes et réaliser des miracles. À l'inverse, quelqu'un de velléitaire possède un désir faible qui s'épuise au premier obstacle dès qu'il s'agit de passer à l'action.

Le message

Le message est le suivant : « Quel besoin ou quelle aspiration ce désir révèle-t-il ? Quelles attentes véritables y a-t-il derrière ou dans l'ombre de ce désir, et comment les combler ? »

Comment gérer cette émotion ?

Derrière tout désir, il y a un besoin ou une aspiration réelle. Refuser ses désirs ou chercher à les éteindre par peur de déranger ou d'être déçu revient à se priver d'une grande source de vitalité et de dynamisme. Aller à l'encontre de ses désirs (sauf s'ils sont répréhensibles ou inappropriés) revient à court-circuiter son énergie vitale. C'est là que se trouve l'origine de la frustration.

Un désir trop fortement réprimé ou qui ne se concrétise pas peut également se transformer en idée fixe, ou en compulsion à l'intérieur de laquelle le besoin d'agir devient plus fort que les barrières qui tentent de l'arrêter. Retenir un désir amène d'ailleurs souvent à exploser d'une manière inappropriée.

Ceux qui, pour une raison ou pour une autre, n'ont plus de désir mènent une vie morne et désabusée. Un manque total de désir qui dure trop longtemps

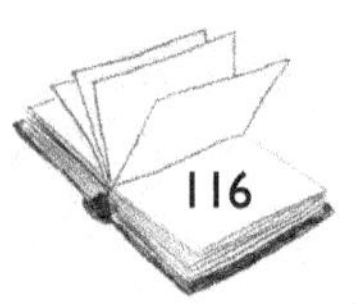

ouvre la porte aux maladies et à la mort. Plus un désir est éteint, plus il faudra consacrer de temps et d'attention pour en raviver les braises et retrouver l'énergie qui donne envie de vivre et de transformer ses rêves en réalité. Alors n'attendez pas, vivez et acceptez vos désirs !

Le contentement

Qu'il s'agisse de satisfaction, d'agrément ou d'allégresse, le contentement marque une étape dans un projet plus vaste. C'est une émotion qui indique la satisfaction d'avoir obtenu, fait ou réussi quelque chose d'important par rapport à un travail ou à un projet complexe. Il vous signale qu'une étape a été franchie, que vos efforts commencent à être récompensés ou que vous êtes sur la bonne voie. Attention à ne pas confondre plaisir et contentement : le contentement est un avant-goût du plaisir. Il indique une étape et invite à continuer, alors que le plaisir est un signe d'achèvement.

Le message

Avec le contentement, vous vous dites : « je commence à réussir », « je suis sur la bonne voie », « j'avance », « je commence à savoir faire », « je peux continuer », etc. Le contentement n'est pas un arrêt, il marque une réussite ou une victoire.

Comment gérer cette émotion ?

Le contentement peut amener à se poser les questions suivantes : « Qu'est-ce qui fait que je suis content ? », « Quels sont mes points forts ? », « Qu'y a-t-il à améliorer ? »…

Le plaisir

Le plaisir correspond à la satisfaction d'un besoin (physique, affectif ou intellectuel). Qu'il s'agisse de joie, de bonheur, de délectation, d'extase, d'émerveillement, de jouissance, d'enthousiasme, de jubilation ou de simple agrément, le plaisir apparaît quand vous réalisez un désir ou que vous en êtes très proche : « j'ai réussi cet examen », « je prépare ma valise pour partir en vacances », « j'apprécie ce bon livre », « je suis rempli de bonheur »…

Le plaisir peut être profond et intense, ou fugace et rapide. Tout dépend de l'importance de ce qui vient d'être comblé et du degré de la satisfaction ressentie. Par définition, le plaisir ne peut être que momentané. Même s'il se renouvelle plus ou moins fréquemment, il ne se conjugue qu'au présent.

Le plaisir est une sorte de récompense qui arrive dans l'instant après un effort ou une attente : « maintenant que je suis en vacances, je goûte un bonheur parfait », « ce poste que j'attendais et que j'ai obtenu après avoir tellement travaillé me procure une joie immense », « je suis euphorique parce que l'équipe de France est championne du monde »…

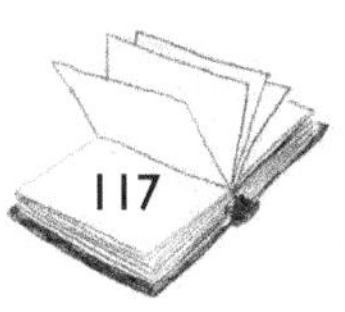

Le message

Selon l'intensité attendue et ressentie, le plaisir annonce l'achèvement plus ou moins rapide d'un désir ou d'une attente. Il précède donc la fin de quelque chose. Ce moment court et rare peut être réactivé, mais ne peut pas se stocker. Il convient donc de le déguster comme quelque chose de précieux et d'éphémère. C'est d'ailleurs tout ce qui en fait la valeur. Un plaisir qui ne s'arrêterait pas deviendrait vite un supplice.

Comment gérer cette émotion ?

Le plaisir se vit et se limite à l'instant présent, il ne peut se mettre en conserve. Vous pouvez certes retrouver des plaisirs passés avec des photos ou des objets qui les rappellent, mais alors le plaisir ne sera pas le même, ce sera plutôt de la nostalgie, du plaisir de deuxième main. Se poser des questions sur le passé ou sur le futur, c'est à coup sûr quitter ou perdre ce moment béni où le plaisir est ressenti. Les questions viendront plus tard lorsque le plaisir diminuera, disparaîtra ou passera au second plan. En résumé, profitez de votre plaisir dans l'instant présent !

La fierté

La fierté est un mélange de contentement et d'estime de soi : « je suis content de moi », « je suis satisfait de ce que j'ai fait », etc. Cette auto-évaluation témoigne des efforts que vous avez fournis pour réussir. Contrairement au plaisir, qui est directement lié à la fin d'un désir, vous ne pouvez être fier sans efforts préalables.

Le message

Vous avez voulu faire quelque chose, vous avez fait les efforts nécessaires pour y arriver, vous avez réussi ce que vous désiriez. La fierté permet de reconnaître la valeur des efforts fournis et ouvre la porte à de nouveaux challenges, à de nouvelles occasions de se dépasser.

Comment gérer cette émotion ?

La fierté est légitime et ne doit pas être confondue avec la vantardise, l'orgueil ou la vanité. Lorsque vous êtes fier à juste titre de quelque chose, il arrive que des personnes jalouses tentent de déformer cette émotion en la qualifiant d'orgueil, de vanité ou de vantardise. Pour ne pas tomber dans ce piège, rappelez-vous que se vanter, c'est se glorifier à tort ou avec excès, et que faire preuve d'orgueil ou de vanité, c'est s'attribuer des valeurs exagérées que l'on ne mérite pas.

La société et votre éducation vous ont appris à être modeste ou à cacher vos qualités. C'est ce qui fait que parfois vous en arrivez à oublier ce qui fait votre valeur personnelle.

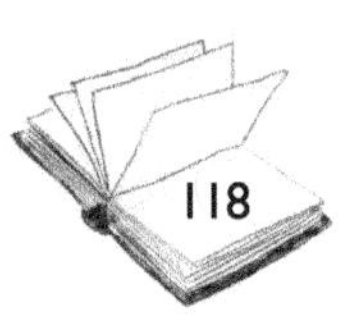

Exercice : s'améliorer en privilégiant ses points forts

La fierté peut amener à se poser les questions suivantes :
– De quoi exactement suis-je fier ?
– Quelles limites ai-je réussi à dépasser ?
– Comment et pourquoi y suis-je arrivé ?
– Qu'y a-t-il à améliorer ?
– Que faut-il continuer de cultiver ?
Utilisez l'espace ci-dessous pour faire la liste des qualités dont vous êtes le plus fier ou de ce que vous savez bien faire. Relisez cette liste les jours où vous avez le moral qui flanche, c'est un excellent remède anti-déprime.

Je suis fier de moi parce que :

je suis…	je fais…	j'ai…

L' amour

L'amour se définit d'abord comme une attirance affective et/ou sexuelle envers une personne. C'est aussi un profond sentiment d'attachement à un idéal moral, religieux ou philosophique : « j'aime la liberté », « j'aime Dieu », « j'aime ma patrie », etc. Enfin, l'amour peut être un enthousiasme ou une préférence pour une chose, un objet ou une activité : « j'aime cette musique », « j'aime ce film », « j'aime ces fleurs » ou « j'aime le rugby ». C'est ce qui fait dire à Spinoza que « l'amour est une joie qu'accompagne l'idée d'une cause extérieure » (*in* André Comte-Sponville, *L'Esprit de l'athéisme*).

L'amour s'exprime, se décrit et se vit de nombreuses manières, qui peuvent aller de la sympathie à la passion, en passant par la tendresse, l'affection, le penchant ou l'attachement. Son intensité plus ou moins forte provient du bonheur ou du bien-être que procure l'objet de l'amour.

L'amour est donc un mouvement qui vous pousse physiquement ou intellectuellement vers quelqu'un ou quelque chose que vous pensez être porteur de plaisir à venir. Pour aller au fond des choses, vous pouvez vous appuyer sur ce qu'écrit André Comte-Sponville dans la conclusion de l'ouvrage cité ci-dessus : « Ce n'est pas l'absolu qui est amour, c'est l'amour qui parfois nous ouvre à l'absolu. »

Le message

Le message contenu dans l'amour n'est pas toujours très clair. La sensation est tellement agréable et hypnotique que vous avez tendance à oublier d'ouvrir l'enveloppe de cette émotion pour voir ce qu'il y a dedans. Or l'amour ne justifie pas tout et n'importe quoi. Ce n'est pas parce que vous aimez que vous avez raison d'aimer. Il est parfois bien utile de comprendre pourquoi vous aimez. La compréhension ne tue pas l'amour, bien au contraire, elle est comme le vent qui éteint les petites flammes et active les grands brasiers.

L'amour révèle l'existence de besoins plus ou moins importants. C'est pourquoi il faut déterminer sur quoi porte votre amour et ce que vous en attendez.

Comment gérer cette émotion ?

En repérant par exemple précisément ce que vous aimez chez quelqu'un, vous pourrez passer au-delà des idées toutes faites pour mieux identifier vos véritables besoins ou vos aspirations profondes : « J'aime cette personne parce qu'elle m'apporte la sécurité, la confiance en moi, le complément, la complicité, l'aventure… dont j'ai besoin. »

Repérer et comprendre vos véritables besoins vous permet de vous réajuster par rapport à l'objet de votre amour. En comprenant la ou les véritables raisons de votre amour, vous aimerez plus harmonieusement en vous détachant de tout ce qui peut faussement entourer, gêner voire entraver l'expression de cette émotion. Les problèmes et les difficultés qui surviennent toujours un jour ou l'autre peuvent alors être relativisés et passer au deuxième plan.

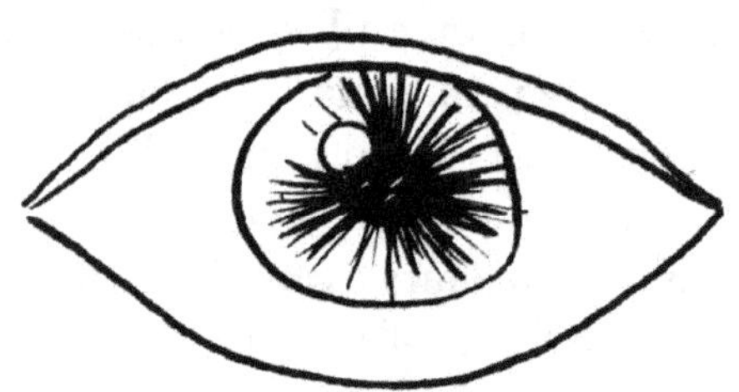

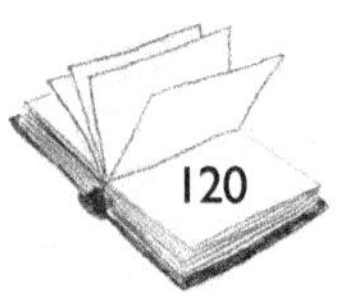

Évaluer la satisfaction de ses besoins

Si vous êtes amoureux ou si vous avez des difficultés de couple, notez honnêtement les besoins que votre partenaire comble et ensuite ceux qu'il ne comble pas.

Besoins comblés

Besoins non comblés

Notez maintenant ce que vous lui reprochez le plus souvent.

Comparez ensuite cette liste avec la précédente et voyez laquelle a le plus de valeur à vos yeux.

En cas de conflit avec votre partenaire, et si cela est encore possible, faites ce travail chacun de votre côté. Comparez ensuite vos deux listes et profitez-en pour imaginer comment combler vos attentes réciproques au lieu de vous concentrer sur ce qui ne va pas et de vous le reprocher.

La sérénité

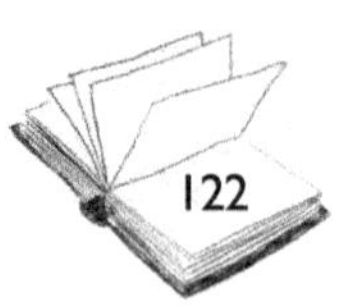

La sérénité est un état plus ou moins permanent de tranquille bonheur qui se trouve au-delà des désirs et des résistances. Avec la sérénité, vous ne réagissez plus par réflexe aux émotions qui avant vous obligeaient à vous mettre en colère, qui justifiaient votre agacement, votre tristesse ou n'importe quelle autre émotion dite désagréable. La sérénité permet de vivre l'instant présent sans se préoccuper du passé ou du futur. Serein, vous n'êtes plus habité par le désir de comprendre, de découvrir ou de posséder. Votre esprit est simplement libre et détendu. Vous n'avez plus les réflexes habituels du type « je dois… », « il faut… », « quand… », « comment… », « pourquoi… », etc. Tout est calme, et il n'y a plus de problème ni de question, car vous n'émettez plus d'opinion ni de jugement sur ce qui se passe ici et maintenant. Cet état particulièrement agréable et fugace peut passer inaperçu. Son importance est souvent négligée, car on s'attache à des émotions plus flatteuses : désirs, plaisirs et satisfactions diverses.

Le message

La sérénité est exactement l'inverse de ce que vous essayez de faire ou de ne pas faire, d'avoir ou de ne pas avoir, et d'être ou de ne pas être. Voici quelques exemples de ce que n'est pas la sérénité :

- un désir de bien-être qui pousse à vouloir accumuler des biens, de la puissance ou du pouvoir ;
- un désir d'émotions agréables, de conquêtes matérielles, relationnelles ou spirituelles ;
- des résistances à certaines émotions, un refus de certaines situations, de certaines personnes, ou des désirs inversés : « si seulement mon mari s'occupait plus de moi et des enfants », « si ma femme était moins soupe au lait et ne hurlait plus pour un rien », « si mon patron ne… », « si seulement je n'avais plus… », etc.

Tous ces désirs et ces refus sont des obstacles de taille à l'émergence de la sérénité.

Chacun peut accéder à la sérénité. Lorsque vous êtes absorbé dans une activité qui vous convient, il n'y a plus de séparation entre vous et ce que vous faites. Vous devenez un avec ce qui est. Qu'il s'agisse d'une activité créatrice, physique ou contemplative (méditer, observer un paysage, regarder un tableau, écouter de la musique…), dès qu'il n'y a plus d'ego, il ne reste que l'activité et l'être.

Comment gérer cette émotion ?

La sérénité est un espace à l'intérieur duquel vous pouvez observer les pensées et les émotions qui pourraient germer en vous. Quand vous avez la chance de vivre de tels moments, vous voyez ce qui se passe avec la liberté de partager ou non les émotions qui se présentent. La sérénité est une musique de fond, un accompagnement sur lequel vous pouvez écrire n'importe quelle autre mélodie, une toile vierge sur laquelle vous pouvez tout peindre ou tout effacer.

Il faut bien identifier cet état quand il se présente. La reconnaissance consciente de la sérénité permet de s'y établir de plus en plus fermement et évite de retomber dans de nouveaux désirs, jugements ou résistances. Cette demeure devient de plus en plus solide au fur et à mesure que vous la reconnaissez, que vous vous y installez et que vous vous y maintenez. La deuxième partie de cet ouvrage vous livre des pistes pour vous ouvrir l'accès à ces moments de sérénité.

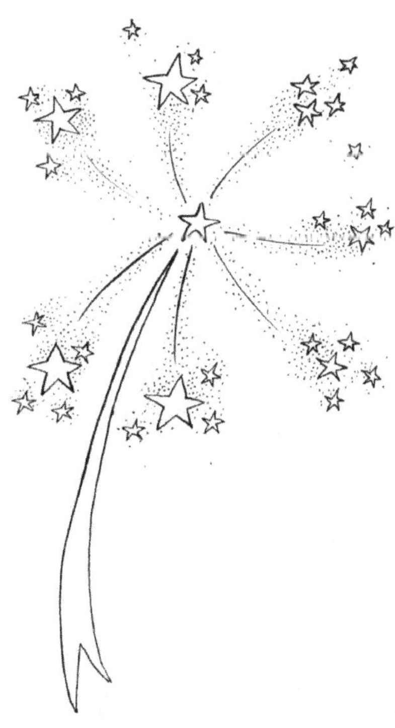

TRAVERSER SES ÉMOTIONS

« Ce ne sont pas les événements qui troublent les hommes,
mais ce qu'ils en pensent. »
Épictète

Après avoir abordé dans la première partie de cet ouvrage le sens et la signification des émotions, vous allez découvrir maintenant comment traverser les émotions désagréables en utilisant l'une ou l'autre des techniques présentées dans cette deuxième partie.

Les premiers chapitres expliquent comment les émotions se gravent dans votre esprit. Ils proposent ensuite des outils simples, rapides et très efficaces pour désensibiliser, neutraliser ou désactiver ce qui vous perturbe, ce qui vous gêne. Ils contiennent un grand nombre de conseils et d'informations pratiques pour vous éviter de replonger dans le marais de vos souffrances.

Les chapitres suivants vous feront découvrir comment vous pouvez ouvrir la porte au changement et à une vie meilleure simplement en arrêtant d'être votre pire ennemi. Ils vous apprendront à utiliser vos émotions pour qu'elles deviennent des alliées fidèles ou lieu de les laisser vous contrôler comme des marionnettes.

Mais ce n'est pas parce que chacune de ces techniques peut venir à bout de n'importe quelle émotion qu'elles vont fonctionner systématiquement pour vous dans n'importe quelle situation. Il n'y a pas d'outils meilleurs que d'autres, il n'y a que des techniques plus ou moins adaptées à la situation et aux aptitudes de chacun. Dans tous les cas, la responsabilité de leur utilisation repose entièrement sur celui qui s'en sert. À vous de découvrir les outils qui vous conviendront le mieux pour traverser vos difficultés du moment et vivre enfin comme vous le souhaitez.

Trois cerveaux
pour une émotion

Pourriez-vous facilement lire ce livre si les pages n'étaient pas reliées entre elles ou si elles étaient mélangées avec celles de deux ou trois autres ouvrages également en pièces détachées ? Non, bien sûr ! La difficulté est la même avec les informations stockées dans votre cerveau. Lorsqu'elles sont trop éparpillées dans votre mémoire et que vous ne parvenez plus à les réunir, tout est confus, la machine tourne en rond à la recherche de ce qui lui manque. Vos pensées deviennent obsédantes, et vous ruminez sans cesse les mêmes problèmes sans trouver de solutions. Comment et où se stockent les informations dans le cerveau ? Comment les regrouper et les réorganiser pour mieux contrôler ses émotions ? Tel est l'objectif de ce chapitre qui apporte les bases théoriques nécessaires pour mieux comprendre les outils présentés par la suite.

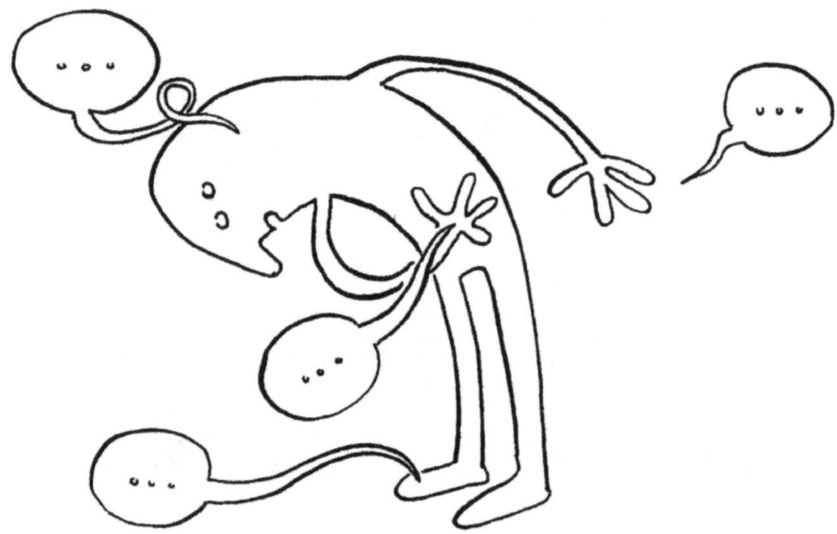

L'évolution du cerveau

La théorie du triple cerveau proposée par Paul MacLean en 1970 explique comment le cerveau s'est progressivement développé au fil de l'évolution, pour aider l'organisme à mieux affronter les dangers qui ont toujours menacé son existence.

De la même manière que Paris ne s'est pas fait en un jour, il a fallu beaucoup de temps pour que le cerveau de l'homme devienne ce qu'il est. Sur des échelles de temps certes différentes, ils se sont construits tous les deux de la même manière. À partir d'un centre historique ou archaïque, l'un et l'autre se sont développés en zones concentriques de plus en plus vastes, modernes et fonctionnelles. Dans sa forme physique actuelle, votre cerveau est le résultat de perfectionnements qui se sont ajoutés les uns aux autres au cours d'une évolution de plus de 500 millions d'années.

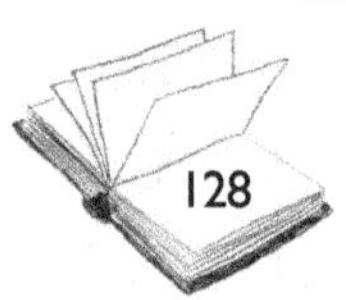

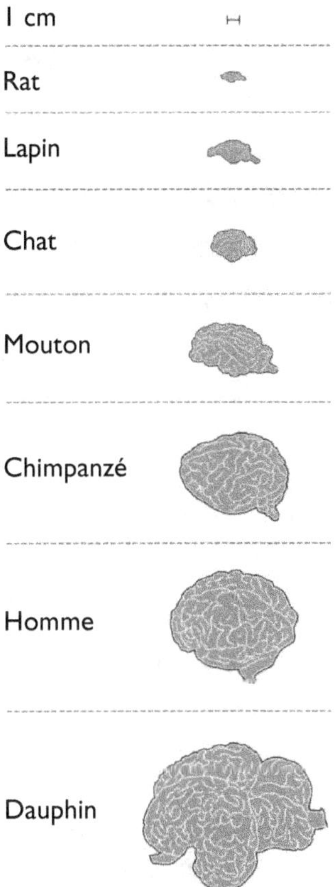

Évolution des cerveaux en taille et en complexité

Le cerveau humain est construit comme une fusée à trois étages qui accumule ce qui s'est fait de mieux pour survivre au fur et à mesure de l'évolution des espèces :

- le cerveau reptilien s'occupe des réflexes de base et de la survie ;
- le système limbique est lié aux émotions et à l'apprentissage ;
- le cortex est le siège de la pensée, de l'imagination, des idées et de la parole.

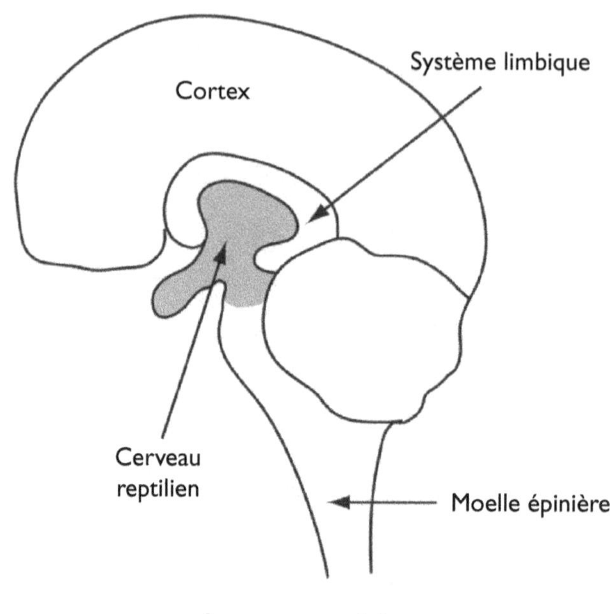

Le cerveau triple

Le cerveau reptilien

Ce premier cerveau est le plus ancien. Il se trouve approximativement au centre du crâne. C'est la partie la plus centrale et la plus petite du cerveau. Sur le schéma ci-dessus, il occupe la zone grisée et repose sur le tronc cérébral et la moelle épinière. Il est apparu chez les poissons il y a près de 500 millions d'années, puis s'est développé chez les amphibiens pour atteindre son stade le plus avancé il y a environ 250 millions d'années chez les reptiles, d'où son nom.

Chez l'homme comme chez les reptiles, ce cerveau archaïque assure les fonctions vitales de l'organisme. Il contrôle la fréquence cardiaque, la respiration, la transpiration, et d'autres fonctions comme la température du corps, le pouls, la tension musculaire, etc. Ce premier cerveau fonctionne d'une manière très primaire. Ses réactions instinctives, de l'ordre du réflexe, le rendent très rapide et efficace. Il est responsable de la survie de l'organisme, et c'est à ce titre qu'il est aussi responsable du stress interne. Dès qu'un danger potentiel se manifeste, il a le réflexe de vous préparer à l'attaque ou à la fuite, en rendant votre corps plus fort et plus rapide. Ce mécanisme rigide et stéréotypé est inscrit de manière héréditaire dans chaque individu depuis la nuit des temps.

Ce cerveau primitif n'a aucune mémoire à long terme. Il est incapable de tirer une leçon de ce qui lui arrive et reste insensible à l'expérimentation. Confronté à une menace qui dure ou qui se répète, il répond toujours de la même manière.

Le cerveau reptilien est un univers non verbal de gestes et de comportements automatiques. C'est à cause de lui par exemple que vous empruntez toujours le même itinéraire pour vous rendre à votre travail, que vous marchez sur les mêmes trottoirs, ou que vous traversez les rues toujours au même endroit. En réunion, c'est lui qui vous fait asseoir toujours à la même place. Il est aussi capable de décrypter les attitudes non verbales des relations humaines. En regardant la télévision sans le son ou en observant un groupe de personnes éloignées, vous êtes capable de comprendre ce qui se passe grâce à ce cerveau primaire qui saisit très bien la signification des différentes expressions des visages ou attitudes du corps.

Exercice : observer les attitudes non verbales

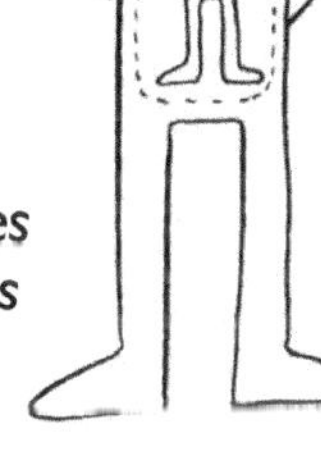

Que vous soyez dans les transports en commun, à une réunion de travail ou à la sortie de l'école, observez quelques instants les personnes qui vous entourent, mais surtout, sans mettre de mots ou de jugements sur ce que vous voyez. Plus vous serez intérieurement silencieux et plus vous recevrez d'informations (non verbales) de votre cerveau reptilien.

Soyez attentif aux expressions du visage, aux gestes, aux postures, ainsi qu'à l'évolution des attitudes. Bien sûr, une fois l'exercice d'observation terminé, vous pourrez commenter et réfléchir autant que vous le voudrez sur ce qui vient de se passer, mais ne le faites pas pendant l'exercice.

Avec un peu d'expérience, vous vous rendrez compte que vous pourriez bâtir des romans simplement en regardant des personnes en train de communiquer, sans même entendre ce qu'elles se disent.

Le système limbique

Si le cerveau reptilien a pour mission d'assurer la survie physique de l'organisme, le cerveau limbique a pour objectif d'améliorer cette survie en favorisant la meilleure adaptation possible à l'environnement social. Mais il le fait à sa manière, car il n'est pas logique et n'a pas une grande capacité d'analyse. Bien qu'il soit muet et privé de pensées organisées, c'est le système dominant de l'affectivité et des processus de la mémoire.

Le système limbique est apparu chez les petits mammifères il y a environ 150 millions d'années. Ce deuxième cerveau est beaucoup plus sophistiqué que le premier. Il se souvient grâce aux images qu'il enregistre et qu'il est capable de conserver très longtemps en mémoire. C'est grâce à lui que vous définissez, reconnaissez et défendez ce qui vous appartient, mais aussi que vous êtes capable d'intégrer une communauté sociale en respectant la hiérarchie, les valeurs, ainsi que les us et coutumes du groupe.

Le système limbique est le centre des émotions et des pulsions. Un reptile n'a pas d'émotion, d'où l'expression « pleurer des larmes de crocodile ». Mais les mammifères comme le chien, le cheval, le singe ou l'homme ont tous un système limbique plus ou moins développé, qui les rend capables de ressentir des émotions. Ce deuxième cerveau est le siège des jugements de valeur qui exercent une grande influence sur les comportements. Là se trouvent les racines les plus profondes de votre éducation et de votre culture. Le système limbique est aussi le lieu des mécanismes basiques de la motivation et des émotions conscientes ou inconscientes.

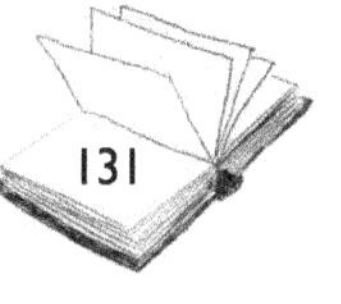

 **Les peurs ataviques**

Vous ne pouvez pas raisonner une peur issue du système limbique telle que la peur du vide ou celle de l'eau. Le cerveau limbique n'étant pas sous le contrôle du cortex (la pensée intelligente), il est absolument imperméable et réfractaire à toute logique et à tout système de pensée. Vous ne pouvez donc pas le forcer à changer avec des mots. Il n'y a qu'en faisant des expérimentations successives, progressives et contrôlées que vous pourrez parvenir à dépasser ces peurs incontrôlables. C'est ce que font par exemple les maîtres-nageurs pour ceux qui ont peur de l'eau, ou certaines compagnies d'aviation pour ceux qui sont terrorisés à l'idée de prendre l'avion. Des procédés comme la sophrologie permettent aussi d'éradiquer ces peurs grâce à une approche virtuelle et progressive du problème.

Les techniques présentées dans les chapitres 10 et 11 apportent également d'excellents résultats.

L'éducation et l'apprentissage puisent leurs fondements dans le système limbique, qui est capable de différencier, de sélectionner et d'intégrer des souvenirs selon qu'ils sont agréables ou désagréables. C'est pour cette raison qu'on ne peut pas dresser un reptile, mais qu'on peut dresser ou éduquer un mammifère. Le cerveau limbique acquiert de l'expérience parce qu'il est capable de désirer ce qui lui semble bon et de rejeter ce qui lui paraît négatif. Mais sans son cortex, l'homme n'est qu'un mammifère comme les autres.

Le cortex et ses deux hémisphères

Ce troisième cerveau existait déjà à l'état d'ébauche chez certains reptiles, mais il s'est développé et a pris de l'ampleur au fur et à mesure de l'évolution. Il a commencé sa fulgurante expansion chez les primates il y a à peine 2 ou 3 millions d'années, pour culminer chez l'*Homo sapiens*, avec les deux gros hémisphères cérébraux qui enveloppent le système limbique d'une épaisse couche de neurones aux multiples ramifications couramment appelée « matière grise ».

En se développant, le cortex s'est divisé en deux hémisphères ayant chacun des fonctions particulières. L'hémisphère gauche est rationnel, analytique et verbal. Il aime comprendre et juger ce qui se passe. L'hémisphère droit est artistique, intuitif, créateur, émotif et sensuel. Il saisit les choses dans leur ensemble et les ressent plus qu'il ne les explique, car il est non verbal. C'est dans ces deux hémisphères que les idées se créent et se conservent, que le langage, la pensée abstraite, l'imagination, la culture et la conscience ont pu apparaître et se développer.

Le cortex a des capacités d'apprentissage quasi infinies, car plus les connexions entre les neurones sont nombreuses, plus elles augmentent les possibilités de réception des informations. À titre de comparaison et d'exemple, il y a plus de possibilités de connexions entre les neurones d'un seul cerveau humain qu'il n'y a d'atomes dans tout l'univers.

La zone préfrontale

Le cortex est présent chez tous les mammifères supérieurs, mais il n'y a que l'homme pour posséder cette zone préfrontale qui lui permet en quelque sorte de jouer avec ses souvenirs et de créer des idées ou des pensées nouvelles.

Cette zone préfrontale est la base de la pensée abstraite. Elle est le siège du langage, du symbole, de l'abstraction, de l'art, du discours, et de tout ce qui fait que l'homme est l'homme et qu'il a conscience d'exister.

Grâce à ce dernier cerveau, qui lui apporte de nouvelles capacités, l'homme peut répondre d'une manière originale et différente à ce qui lui arrive. Il est capable d'apprendre, de formuler sa propre perception de son environnement et d'inventer de nouvelles façons d'y faire face.

Réorganiser ses émotions

Il est important de comprendre comment fonctionne votre cerveau, car plus vous serez conscient de la manière dont il vous fait réagir automatiquement, plus vous serez libre et capable de conduire votre vie au lieu de la subir.

Lorsqu'un événement se produit dans votre environnement, il atteint l'un ou l'autre de vos cerveaux :

- lorsque le cerveau reptilien est sollicité, il réagit par réflexe. C'est lui qui est à l'origine du stress ;
- si l'impact atteint le cerveau limbique, une émotion va se manifester en vous ;
- lorsque le cortex réagit et se met à réfléchir, un ensemble de ressentis inconscients apparaît dans votre hémisphère droit, alors que dans l'hémisphère gauche, un discours intarissable fait de pensées, de jugements, de désirs et de refus se met en route.

En réalité, les choses sont un peu plus complexes que cela, car vos trois cerveaux interagissent les uns avec les autres. Ils ne voient pas les choses de la même manière et mémorisent les événements chacun à leur façon.

Ainsi, le souvenir d'un événement unique n'est pas rassemblé dans un seul endroit, mais fractionné, découpé, réparti et emmagasiné dans le cerveau reptilien, dans le système limbique, ainsi que dans les hémisphères droit et gauche du cortex.

Avant de comprendre un livre, un événement ou une émotion, il faut en avoir saisi toutes les données dans le bon ordre. Vous ne pouvez résoudre un problème de mathématiques tant que vous n'avez pas fini de lire son énoncé. Il en va de même avec les émotions. Aussi longtemps que vous n'aurez pas complètement perçu ou compris chacun des éléments qui la compose, l'émotion continuera de vous troubler. Chaque émotion est comme un puzzle, avec un nombre variable de pièces et des dessins plus ou moins complexes. L'intérêt pour le puzzle disparaît dès que tous ses composants sont perçus, réunifiés et mis correctement à la bonne place. Lorsque toutes les pièces sont à leur place et que plus rien ne manque, l'émotion disparaît. Les passionnés de mots croisés, de mots fléchés ou de sudoku, ainsi que les amateurs de livres à suspense connaissent bien ce mécanisme.

Réorganiser une émotion revient donc à construire un lien entre les informations réparties dans les différentes zones de votre cerveau. Il s'agit, comme pour le disque dur d'un ordinateur, de réunifier toutes les informations qui ont été fractionnées dans les différentes couches du cerveau. Cette réorganisation est un phénomène naturel connu. Durant la nuit, le cerveau réorganise et stocke efficacement les informations enregistrées la veille. Ne dit-on pas que « la nuit porte conseil » ou qu'on apprend mieux le soir ? Après une bonne nuit de sommeil, vous ne voyez plus les choses de la même manière. Dans certaines armées, on peut porter plainte contre un ordre de son supérieur, mais seulement le lendemain des faits. Les rêves sont aussi le résultat d'une réorganisation des événements de la journée.

Il existe de nombreuses méthodes pour réorganiser l'information, dont les différentes écoles d'analyse psychanalytique et un grand nombre de psychothérapies, qui demandent toutes la présence d'un professionnel respectant sa déontologie. Ces techniques sont indispensables lorsque la pression de l'émotion est trop forte et la souffrance insupportable. Pourtant, avant d'en arriver là, il est souvent possible de s'aider soi-même de manière relativement facile et rapide.

Chapitre 10

Désensibiliser les émotions

La première technique présentée dans ce chapitre consiste à désensibiliser les émotions, exactement comme un dentiste peut le faire avec le nerf d'une dent douloureuse. La différence, c'est qu'ici, nul besoin de piqûre anesthésiante. Nous vous proposons une méthode simple et très efficace, à condition de respecter scrupuleusement les quelques règles qui la régissent.

Les origines

Dans les années quatre-vingt, le futur docteur en psychologie Francine Shapiro se promenait dans un parc de San Francisco, très préoccupée par des problèmes personnels. En même temps qu'elle marchait en ruminant ses idées noires, elle regardait alternativement les fleurs sur sa droite et sur sa gauche sans tourner la tête. Au bout d'un certain temps, elle se rendit compte avec surprise que les émotions qui lui remplissaient la tête diminuaient d'intensité, puis s'estompaient, voire disparaissaient totalement. En essayant de comprendre ce qui s'était passé, elle eut une intuition géniale et émit l'hypothèse qu'il devait y avoir un lien entre sa concentration sur ses problèmes et cette sorte de gymnastique oculaire qu'elle venait de faire. En bonne chercheuse, elle voulut confirmer cette intuition et refit l'expérience pendant plusieurs mois avec des volontaires ; elle obtint les mêmes résultats. Un peu plus tard, pensant qu'il s'agissait d'une forme de désensibilisation, elle appela sa méthode l'EMD (*Eye Movement Desensitization*).

Cette technique permet d'éliminer la charge émotionnelle contenue dans un stress, une phobie, une angoisse, ou dans n'importe quelle autre situation générant de la colère, de la jalousie, de l'anxiété ou de la déprime.

L'EMD fonctionne très bien, mais cela ne veut pas dire pour autant qu'elle est systématiquement adaptée à toutes les personnes et à toutes les situations.

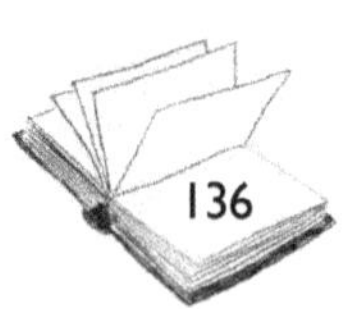

 **Le schéma mental**

Nous avons vu précédemment que les informations qui composent une émotion sont réparties un peu partout dans les différentes zones de mémoire du cerveau. À cause de ce fractionnement, chaque incident et chaque émotion a une forme caractéristique qu'on appelle schéma mental.

Tous les enfants connaissent cet exercice qui consiste à découvrir un dessin en reliant des points numérotés. Le schéma mental peut s'apparenter à cela, si ce n'est qu'il est en trois dimensions : il relie des points de mémoire qui dessinent une émotion particulière à travers l'ensemble du cerveau.

Comment effacer un schéma mental ? Lorsque tous les éléments du schéma mental de l'émotion, de l'incident ou de l'événement que l'on souhaite traiter sont reliés, ils n'ont plus de puissance ni de capacité de nuisance : ils deviennent émotionnellement neutres, ils appartiennent au passé et ne sont plus qu'un souvenir de l'histoire personnelle.

La procédure de désensibilisation

Dans son principe, la technique est simple. Il s'agit de réaliser des séries de mouvements oculaires horizontaux en même temps qu'on pense à une émotion désagréable. Mais si l'EMD est peu complexe, elle n'en demande pas moins une maîtrise rigoureuse de chacun de ses deux paramètres : il faut tout d'abord bien identifier physiquement l'émotion à désensibiliser, puis pratiquer des séries de mouvements oculaires en restant parfaitement concentré sur ses sensations jusqu'à ce qu'elles disparaissent.

Avant de faire quoi que ce soit, commencez par bien repérer ce qui vous gêne et que vous voulez désensibiliser. Que diriez-vous d'un dentiste qui se tromperait de dent à soigner ? Pour bien définir le problème que vous voulez traiter, vous devez repérer le ressenti corporel qui caractérise cette émotion (voir chapitre 13, « Ressentir pour ne plus souffrir »). Par exemple, si vous êtes triste demandez-vous ce qui vous fait dire cela : où et comment cela se traduit-il dans votre corps ? Si vous êtes en colère, les sensations ne sont pas les mêmes que si vous êtes dans le doute ou si vous êtes angoissé. Attention, ce n'est pas le nom de l'émotion qui est important, mais les symptômes qui font que vous la reconnaissez pour ce qu'elle est.

Identifier physiquement une émotion, ce n'est donc pas mettre un nom dessus, mais cerner ce qui fait mal en s'immergeant (ou en restant) dans les sensations corporelles qui caractérisent cet élément ici et maintenant.

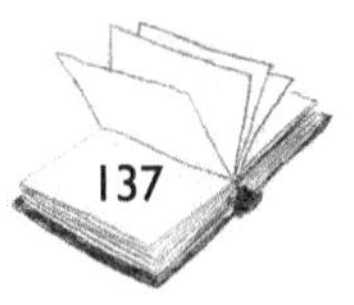

Exercice : pratiquer l'EMD

Maintenant que vous avez bien défini le problème que vous voulez traiter, vous allez, sans bouger la tête, suivre des yeux votre index ou un objet que vous faites aller et venir de gauche à droite à dix ou vingt centimètres devant votre visage. Le mouvement de balayage doit être suffisamment ample, de manière à faire bouger vos yeux le plus loin possible à droite et à gauche, mais sans jamais forcer ni tourner la tête. La vitesse n'est pas essentielle, mais elle doit être confortable. Démarrez en regardant votre doigt ou l'objet en face, et terminez de la même manière.

En pratiquant cette gymnastique oculaire, vous devez absolument rester dans le ressenti de l'émotion que vous souhaitez désensibiliser. Ce n'est ni un concours de vitesse ni un geste magique. Continuez cette procédure jusqu'à ce que les émotions soient neutralisées, c'est-à-dire que vos sensations physiques du début disparaissent. Procédez par séries successives de mouvements oculaires horizontaux, chaque série durant entre trente secondes et deux minutes.

Cette pratique, qui est faite à la fois d'attention et d'action, permet une désensibilisation progressive du traumatisme. Elle diminue de manière significative les symptômes désagréables, jusqu'à ce que l'événement traumatique soit complètement vidé de sa charge et n'amène plus de perturbations. Elle favorise également l'apparition de pensées nettement plus positives, tolérantes ou compassionnelles par rapport au contexte.

Pourquoi ça marche ?

Les mouvements oculaires pratiqués durant cet exercice sont les mêmes que ceux qui surviennent lors des périodes de sommeil paradoxal. Cette phase particulière de sommeil se manifeste toutes les deux heures et dure environ quinze minutes. Elle se caractérise par une activité marquée du cerveau, par une profonde détente physique, par une respiration et un rythme cardiaque irréguliers, ainsi que par des mouvements oculaires saccadés. C'est grâce à ces périodes de sommeil paradoxal que vous trouvez le matin la solution du problème sur lequel vous vous êtes endormi, ou que vous vous rappelez sans effort ce que vous avez relu la veille au soir avant de vous coucher.

En imitant volontairement les mouvements des yeux qui ont lieu durant le sommeil paradoxal, vous reconnectez tous les points du schéma émotionnel. C'est cela qui permet au cerveau de digérer rapidement les événements sur lesquels il est concentré et de les désensibiliser. Pour résumer, on peut dire que le mouvement des yeux efface le schéma mental de l'émotion contenu dans le cerveau, tout comme un aimant efface irrémédiablement le contenu d'une bande magnétique.

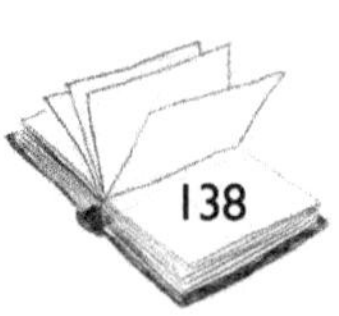

Dès que j'ai ressenti une forte envie de fumer, j'ai voulu essayer cette technique de désensibilisation. Je me suis donc concentré sur ce que je ressentais sans chercher à discuter ou à comprendre. Je vivais cette envie de fumer sans penser à quoi que ce soit d'autre. Ensuite, j'ai regardé le bout de mon doigt que je promenais comme un essuie-glace de droite à gauche, puis de gauche à droite devant mon visage. Pendant une minute, j'ai continué à suivre mon doigt avec mes yeux, sans bouger la tête et surtout sans me mettre à réfléchir sur ce qui se passait ou sur ce qui devait se passer. À ma grande surprise, l'envie a commencé par diminuer, puis s'est effacée. L'idée de fumer était toujours présente, mais je ne me sentais plus du tout obligé de lui obéir. Ce n'est plus elle qui commandait ; j'étais devenu libre de faire comme je le voulais. L'envie n'était pas plus dérangeante et ne faisait pas plus de mal qu'une dent dévitalisée. Un peu plus tard, l'idée même de fumer s'est évaporée, et j'ai pensé à d'autres choses.

Maintenant, lorsque l'envie réapparaît, je me concentre sur ce que je ressens en regardant lentement mon index qui va et vient devant mon visage, jusqu'à ce que la compulsion disparaisse une nouvelle fois. Il suffit de quelques mouvements oculaires en restant centré sur ce qui se présente, pour que l'envie perde encore de son intensité et revienne de moins en moins souvent.

Cet exemple montre que, pour se débarrasser d'une émotion, il faut avoir le courage de se regarder en face, d'accepter l'émotion, puis de bien ressentir la manière dont elle se manifeste physiquement. Ensuite, grâce au mouvement pendulaire des yeux pratiqué en restant concentré sur ses sensations, la désensibilisation se fait plus ou moins rapidement jusqu'à la disparition complète des symptômes.

La foire aux questions

Combien de temps une séance doit-elle durer ?

Chaque séance est constituée de plusieurs cycles de balayages oculaires, qui durent chacun entre trente secondes et deux minutes. Le nombre de cycles nécessaire, très variable, dépend de l'évolution de la désensibilisation. Pour progresser sans vous décourager, commencez par attribuer une valeur arbitraire à votre émotion sur une échelle allant de 0 à 10 (voir ci-dessous). Ensuite, à chaque fin de cycle, évaluez la nouvelle puissance de l'émotion. Cette manière de procéder permet de mesurer les progrès de la désensibilisation. Elle évite surtout que vous vous découragiez si l'émotion ne disparaissait pas aussi vite que vous le souhaiteriez. En utilisant cette échelle, rappelez-vous que l'évaluation de ces mesures et surtout leur évolution dans le temps sont bien plus importantes que l'exactitude des termes employés pour définir ce que vous ressentez.

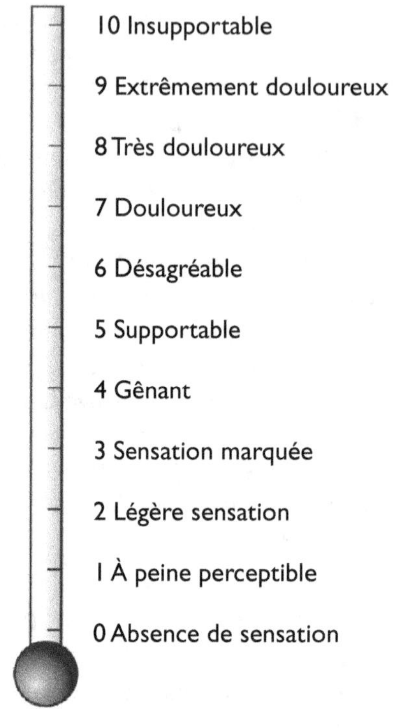

Échelle de sensibilité

Quand faut-il s'arrêter ?

Si vous commencez une désensibilisation, mieux vaut aller jusqu'au bout. Mais, parfois, il faut savoir s'arrêter, notamment lorsque les progrès stagnent. Si par exemple l'évaluation sur l'échelle de sensibilité passe de 8 à 7, puis descend à 4 et n'en bouge plus, même après plusieurs minutes de travail, vous pouvez vous arrêter sur ce palier après avoir constaté vos progrès et vous en être félicité. Vous pourrez reprendre un peu plus tard ou un autre jour.

Que faire si une émotion revient ?

Lorsqu'une émotion réapparaît après avoir été désensibilisée, elle est généralement beaucoup moins forte que la première fois. Commencez alors par évaluer sa puissance. Cette évaluation est importante, car elle relativise la situation. Ensuite, pratiquez les exercices oculaires en restant concentré sur les sensations particulières de cette émotion telles qu'elles sont ici et maintenant, et continuez de mesurer régulièrement vos progrès sur l'échelle de sensibilité.

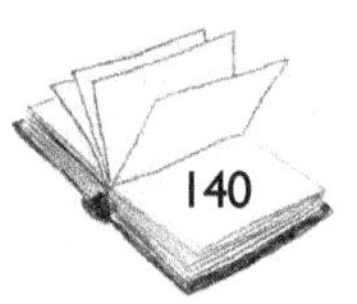

Pourquoi faut-il rester concentré sur le ressenti d'une émotion ?

L'unique difficulté en travaillant seul est de bien rester concentré sur le sujet, sinon vous risquez de changer de thème avant que le premier ne soit complètement désensibilisé. Sortir d'un ressenti, passer d'une pensée à une autre ou se poser des questions représentent les plus sûrs moyens de n'arriver à rien.

Que faire si rien ne se passe ?

Si rien ne se passe, il y a plusieurs raisons possibles :

- la désensibilisation n'est peut-être pas l'outil le mieux adapté à votre état d'esprit du moment ;
- l'erreur la plus courante consiste à se poser des questions au lieu de rester concentré à la fois sur les sensations physiques et sur l'objet (ou le doigt) que vous suivez des yeux.

Que signifie « se poser des questions » ?

Se poser des questions, c'est utiliser son mental à autre chose qu'à « déguster » les sensations physiques qui vous habitent dans l'instant, par exemple lorsque vous vous demandez : « Est-ce que je fais bien comme il faut ? », « Que veut dire *ressentir* ? », « Comment faut-il faire ? », « Est-ce que cela va marcher ? », etc.

Se poser des questions, c'est aussi rêvasser ou penser à autre chose qu'aux sensations que vous voulez désensibiliser.

Se poser des questions, c'est enfin formuler intérieurement des phrases qui commencent par : « il faut… », « je dois… », « je veux… », « je ne veux pas… », « j'espère… », « j'ai peur… », « je redoute… », etc.

Se poser des questions pendant une séance de désensibilisation est en résumé un excellent moyen de faire échouer cette technique !

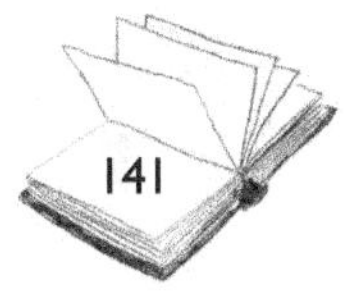

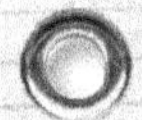 **L'EMDR**

Progressivement, le docteur Shapiro a affiné sa méthode, qui est devenue une psychothérapie pratiquée par des professionnels certifiés. Cette technique, baptisée EMDR (*Eye Movement Desensitization and Reprocessing*), est spécialisée dans le traitement des syndromes post-traumatiques. Elle s'adresse tout particulièrement aux personnes qui ont subi un trauma physique unique et récent, comme un accident de voiture, une catastrophe naturelle, une agression, un viol. Elle fonctionne également pour des traumas répétitifs et anciens, comme la maltraitance ou les abus de toutes sortes.

Il est bien évident que pour ce genre de difficulté, l'aide d'un spécialiste est absolument indispensable. À ce sujet, le docteur David Servan-Schreiber écrit dans son célèbre ouvrage *Guérir* paru chez Robert Laffont en 2003 : « Le traitement d'un traumatisme unique subi dans la vie civile (par exemple une agression, un incendie, un accident grave) prend généralement moins de dix séances. Les séances durent souvent jusqu'à 90 minutes. Leur prix varie entre 60 et 120 euros. »

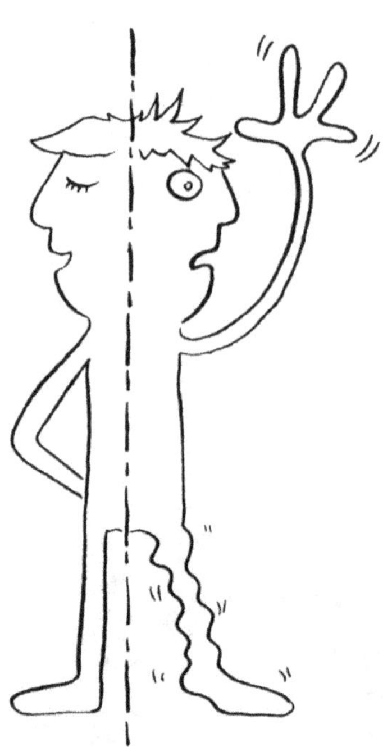

Chapitre 11

Neutraliser les émotions

Neutraliser quelque chose ou quelqu'un, c'est le rendre inactif, supprimer ses possibilités d'action. Lorsqu'une batterie de voiture est à plat et qu'on tourne en vain la clef de contact, c'est parce qu'elle a été vidée de son énergie : elle est devenue neutre et ne sert plus à rien. Il en est de même avec les émotions. Quelles que soient leur nature, leur force ou leur intensité, vous pouvez les neutraliser, les rendre inodores, incolores et sans saveur. Lorsqu'une émotion est neutralisée, elle ne produit plus aucun effet et ne peut plus vous faire souffrir.

Avec ce nouveau chapitre, nous allons voir qu'il est possible de neutraliser les émotions en les déchargeant de tout le potentiel de souffrance qu'elles contenaient. Mais tout d'abord, voyons sur quels principes cela repose.

L'énergie du corps

Votre corps est une gigantesque machine électrique. Vous n'êtes pas un robot, et pourtant, tout en vous fonctionne à l'électricité. Pour commander vos muscles, pour lire, pour écouter ou pour penser, votre cerveau reçoit et émet constamment des signaux électriques et chimiques. Ces signaux sont envoyés à travers votre corps pour le tenir informé de ce qui se passe. Sans ces messages, vous seriez incapable de voir, d'entendre, de sentir, de ressentir ou de goûter. Ces messages électriques sont bien réels : l'activité du cerveau peut être mesurée avec un électroencéphalogramme. De la même manière, l'activité électrique du cœur est enregistrée grâce à l'électrocardiogramme.

Quand vous vous brûlez le bout du doigt, le message de douleur remonte presque immédiatement de la blessure à votre cerveau, qui réagit à la même vitesse. Si cela est si rapide, pour ne pas dire instantané, c'est parce que l'information voyage dans vos nerfs à la vitesse de l'électricité. Et heureusement pour vous, car si les choses n'allaient pas aussi vite, votre doigt aurait le temps de cuire avant que vous lâchiez l'objet brûlant.

Les limites du corps

Mais si votre corps est électrique, il a cependant ses limites. Par exemple, un courant de deux milliampères contracte tous vos muscles, y compris ceux de la respiration et peut entraîner la mort par asphyxie. Avec un courant de cent à trois cents milliampères, les cellules du cœur s'emballent en se contractant sur un rythme très rapide : c'est la fibrillation, dont les effets sont presque toujours irréversibles, même en quelques secondes. À l'inverse, le défibrillateur est un appareil médical muni de deux électrodes (en forme de fer à repasser) qu'on pose des deux côtés du thorax pour normaliser ou relancer le rythme cardiaque en envoyant une décharge électrique précise. Votre système électrique interne est donc vital pour votre santé physique. Quand l'énergie s'arrête de circuler, vous mourez ; quand elle circule mal, vous êtes malade ou mal dans votre peau.

Énergie et acupuncture

Il y a environ cinq mille ans, les Chinois ont découvert un système complexe de circulation de l'énergie vitale. Cette énergie appelée « QI » (prononcer « tchi ») circule dans tout le corps grâce à douze canaux qui se trouvent dans l'épaisseur de la peau. L'énergie qui circule dans ces canaux nommés méridiens est certes invisible, mais n'en est pas moins réelle. Ce n'est pas parce qu'on ne voit pas quelque chose que cette chose n'existe pas (vous ne voyez pas l'électricité dans un poste de télévision, mais sans cette énergie, vous n'entendriez pas de son et vous ne verriez pas d'image).

Les méridiens

Les méridiens ont été photographiés pour la première fois le 14 avril 2005 par des chercheurs allemands. Après avoir stimulé, avec une source de chaleur, un point d'acupuncture situé sur le méridien de la vessie, une caméra infrarouge sensible aux différences de température de la peau a révélé le trajet de ce méridien le long des jambes du sujet. Cette expérience a ainsi prouvé l'existence des méridiens d'acupuncture.

En Chine, on continue de pratiquer de lourdes opérations chirurgicales en anesthésiant le patient uniquement avec des aiguilles plantées sur des points spécifiques d'acupuncture. Ces véritables « interrupteurs » stoppent le passage de l'énergie et des informations dans un endroit précis du corps. Les points d'acupuncture sont repérés de manière extrêmement précise sur chacun des méridiens depuis la nuit des temps, et il existe maintenant des appareils permettant de les détecter grâce à leur activité électrique.

La digipression

La digipression consiste à appuyer avec le bout du doigt sur un ou plusieurs points d'acupuncture pour faire circuler l'énergie bloquée et obtenir un résultat précis. La technique est très simple, puisqu'il s'agit de frictionner ou de tapoter le point avec son doigt ou avec le capuchon d'un stylo. Le point étant généralement douloureux, la pression doit être ferme, mais sans exagération. Il ne s'agit pas d'écraser le mal, mais de faire circuler l'énergie bloquée à cet endroit, qui est à l'origine du problème et de la sensation.

Une fois de plus, à vous de découvrir si cet outil vous convient et s'il est adapté à ce que vous êtes en train de vivre.

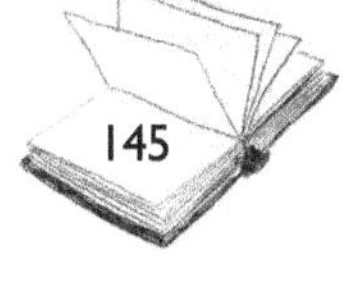

Exercice : pratiquer la digipression

Pour bien utiliser cette technique, placez l'extrémité de votre doigt sur le point choisi et appuyez assez fortement en pratiquant un petit mouvement circulaire dans le sens des aiguilles d'une montre. Si le point est très précis, remplacez votre doigt par un objet légèrement pointu (mais non blessant) comme la pointe d'un crayon.

La durée de la pression est variable, car l'action doit être poursuivie jusqu'à l'obtention d'un résultat, ce qui peut prendre parfois plusieurs minutes.

Si le résultat souhaité n'a pas été obtenu, recommencez la stimulation un peu plus tard. Le point est comme un interrupteur : il n'épuise jamais son action et peut être sollicité à tout moment. Cela ne paraîtra long qu'à ceux qui croient aux baguettes magiques et qui préfèrent continuer à souffrir plutôt que de passer quelques instants à se faire du bien.

Pour soigner un mal de dent ou un mal de gorge

Si vous avez mal à une dent, et en attendant la date ou l'heure du rendez-vous chez le dentiste (la digipression ne remplace pas le dentiste), appuyez sur le point qui se trouve sur le coin de l'ongle de l'index correspondant au côté de la dent malade. Ce point est généralement très sensible ; comme le montre le dessin ci-dessous, il se trouve précisément sur l'intersection d'une première ligne qui suit la base de l'ongle et d'une deuxième qui suit le bord de l'ongle en regard du pouce.

Un autre point qui se trouve sur le coin intérieur de l'ongle du pouce (côté index) sert à soulager les maux de gorge.

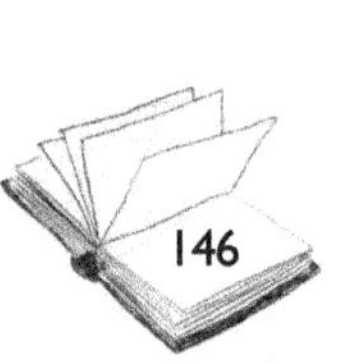

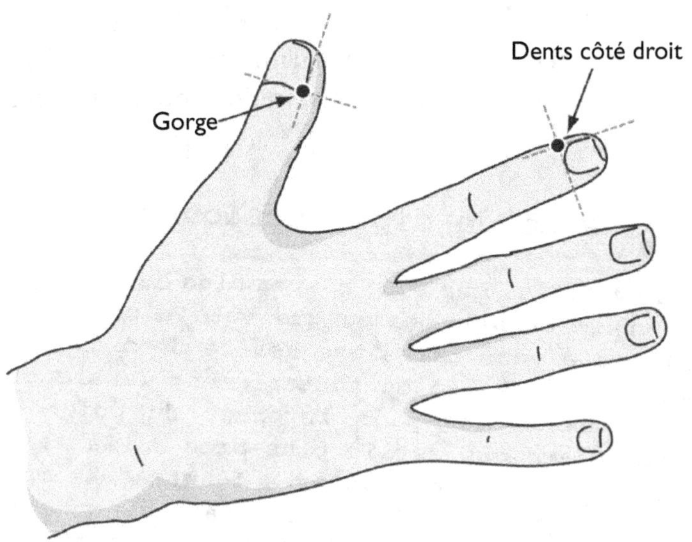

Deux points de digipression

Digipression, déprime et dépression

Pour lutter contre un état dépressif ou si vous ne vous sentez pas en forme, vous pouvez commencer par masser le point situé en plein milieu du front (voir ci-dessous). Vous pouvez agir aussi sur les points situés au début des sourcils et juste au-dessus des coins internes de l'œil. L'avantage de l'un ou l'autre de ces points est que vous pouvez les stimuler discrètement à tout moment, dès que vous en ressentez le besoin.

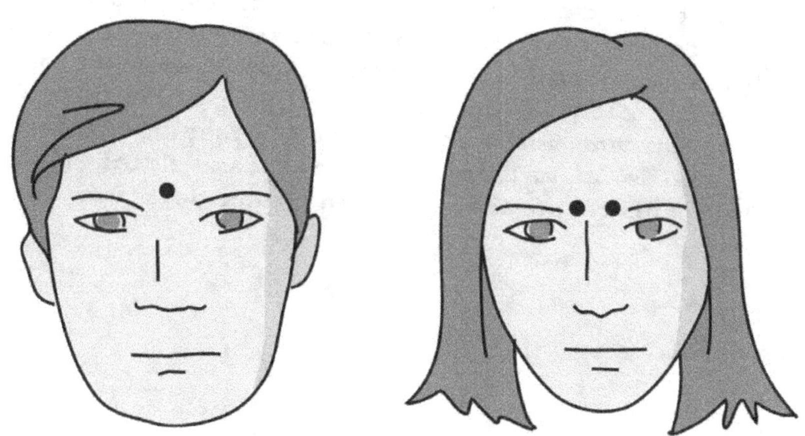

Pour lutter contre un état dépressif

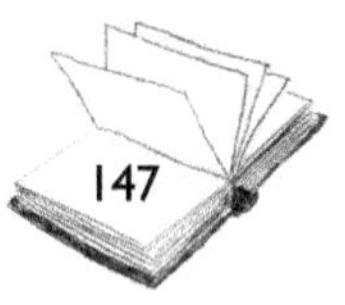

Cette technique est aussi efficace et rapide pour sortir de ses idées cafardeuses qu'un cachet d'aspirine pour dissiper un mal de tête. À noter qu'une respiration abdominale calme et tranquille facilite les résultats (voir chapitre 2, « La respiration abdominale consciente »).

Petite séance de digipression anti-déprime

Quand le moral vacille, que vous n'avez plus de courage, que vous vous sentez vraiment stressé ou que vous déprimez, consacrez quelques minutes à vous faire une séance de digipression.

– Après vous être installé confortablement (assis ou couché), commencez par masser les plis internes du poignet (surtout celui en forme d'arc qui est le plus près de la main). Massez d'abord un poignet avant de passer à l'autre. Le massage doit être léger et s'apparente plus à une caresse qu'à un gommage de peau. Passez au moins une minute par poignet. Ce premier massage aide à lâcher les idées noires que vous ruminez.

– Ensuite, massez légèrement une ligne qui joint le sternum au nombril. Là aussi, le massage peut durer une ou deux minutes. Il est généralement très efficace et relaxant. C'est une zone de massage idéale pour se détendre.

– Continuez la séance en massant énergiquement (mais pas trop fort) un autre point, qui se trouve au sommet du crâne dans l'alignement du sommet des oreilles. Cette opération s'effectue en faisant des mouvements circulaires sur cette zone.

– Pour finir de dégager l'énergie bloquée, massez les faces latérales de chaque jambe en allant de la cheville au genou.

– Enfin, massez un dernier point qui se trouve à trois largeurs de doigt au-dessus de la pointe de l'os interne de la cheville (la malléole interne). Ce point, légèrement douloureux si l'énergie y est bloquée, se trouve dans le creux derrière l'os du tibia. En gardant vos doigts serrés, posez votre petit doigt sur la pointe de la malléole. Le troisième doigt (le majeur) est sur le point recherché, dans le creux derrière le tibia.

Petite séance de digipression anti-déprime (suite)

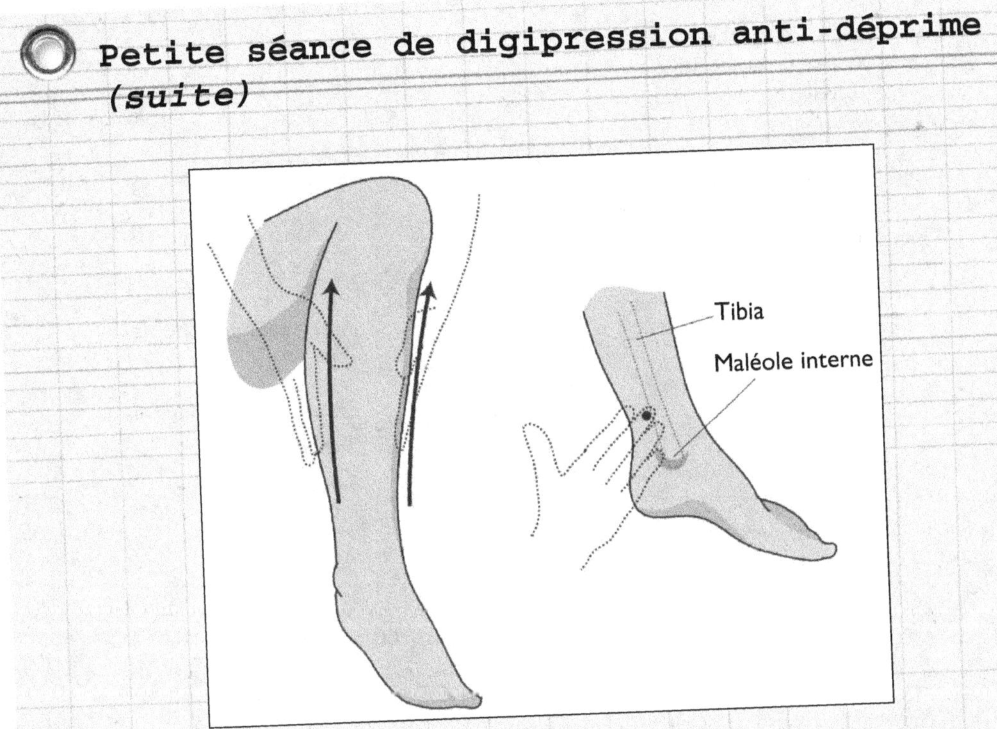

Points de digipression quand le moral flanche

Le travail sur ces points débloque les nœuds d'énergie qui faisaient que votre moral chutait, que vous voyiez la vie en noir et que vous étiez dans la déprime. Très vite, il redonne dynamisme, entrain et légèreté. En cas de besoin, vous pouvez refaire plusieurs fois l'ensemble du processus « poignet, ventre, sommet du crâne, jambe, tibia », jusqu'à ce que vous obteniez un résultat satisfaisant.

Libérer les émotions, un point c'est tout !

Voici une liste de points pour traiter efficacement vos émotions les plus familières, autrement dit celles qui vous habitent au quotidien, ou celles qui reviennent régulièrement vous polluer l'existence. La simplicité et la discrétion du traitement vous permettent de vous aider vous-même à chaque fois qu'une émotion vous envahit. Ces points très facilement accessibles ont une double action. D'un côté, ils font disparaître les émotions désagréables, et de l'autre, ils aident à cultiver les valeurs positives opposées. Pour obtenir ces résultats, il suffit d'agir sur le point concerné (voir schéma) en tapotant ou en faisant tourner le doigt dans le sens des aiguilles d'une montre.

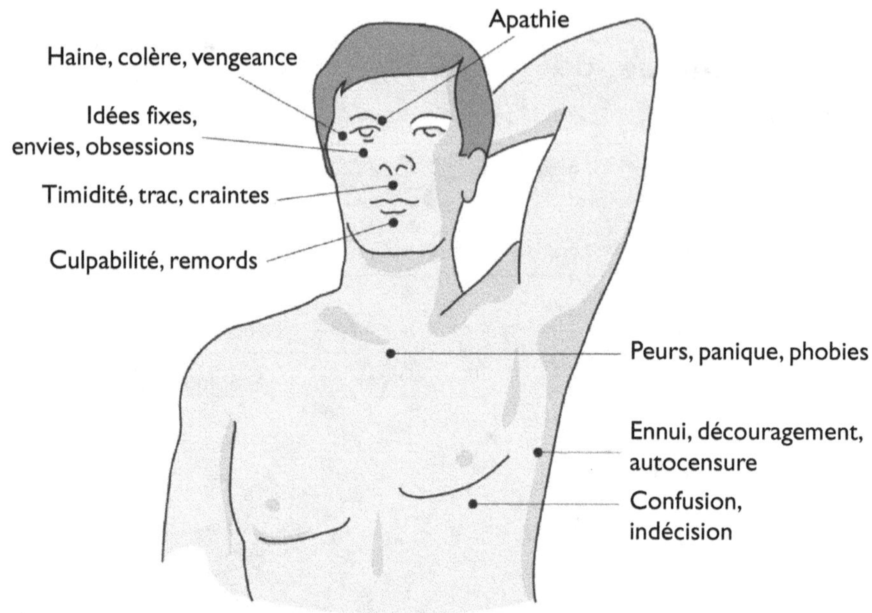

Différents points pour traiter les émotions les plus familières

Si l'une ou l'autre des émotions détaillées ci-après fait partie de votre quotidien, qu'elle vous caractérise et que vous avez du mal à vous débarrasser de son empreinte trop profonde, vous pouvez encore améliorer l'effet de ces petits massages en ayant une respiration basse (voir chapitre 2, « La respiration abdominale consciente ») et/ou en pratiquant l'EMD (voir chapitre précédent).

Apathie

Lorsque vous ne vous sentez pas en forme, que vous manquez d'entrain, de courage ou d'ambition, vous pouvez masser l'un ou l'autre des points qui se trouvent au-dessus du début des sourcils, à la hauteur des coins internes de l'œil. Une pression sur ces points sert à dissiper ces sensations désagréables et à retrouver du courage et de la force intérieure quand vous en avez besoin. Il donne la volonté d'aller de l'avant.

Timidité, trac et craintes de toutes sortes

C'est là, juste sous la racine du nez et au début de ce petit sillon de la lèvre supérieure appelé « baiser de l'ange » qu'il faut poser un doigt pour faire un petit massage circulaire. Ce point est le point du trac par excellence. La stimulation de ce point permet de mieux s'accepter et de se sentir plus à l'aise. Utilisez-le quand vous vous dévalorisez, ou si vous avez peur de vous montrer, de vous mettre en avant ou de prendre la parole en public.

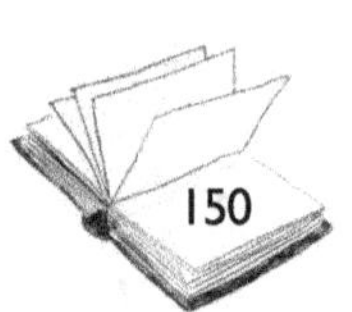

Peurs, panique et phobies

Une stimulation régulière de ce point situé à la base du cou et sur le début de la clavicule (droite ou gauche) tend à faire disparaître les peurs, les affolements, les terreurs irraisonnées et les moments de panique. Il convient tout à fait pour aider à surmonter les peurs paniques ou les phobies. Son action procure de la détente et produit un calme intérieur, qui vous aidera à faire des choses que vous n'auriez pas osé faire autrement.

Haine, colère et vengeance

Un massage de l'un ou l'autre point qui se trouve au coin externe de l'œil, juste sur le bord de l'os, est très utile pour apaiser les colères, les haines, les rancunes et les idées de vengeance. Quand vous êtes calmé, la stimulation de ce point aide à digérer les expériences et à avoir une vision plus juste des événements.

Idées fixes, envies et obsessions

En massant ou en tapotant le point qui se trouve sur le haut d'une de vos pommettes au niveau du milieu de l'œil, droit ou gauche, vous gommez progressivement les pensées obsessionnelles. Il peut s'agir de préoccupations, de soucis, de rêves impossibles ou d'idées fixes, qui s'agitent inlassablement dans votre esprit pour bien vous faire sentir un vide ou un manque intérieur. C'est le point à stimuler pour vous empêcher de céder à des compulsions comme l'envie de fumer une cigarette, de prendre de l'alcool, de trop manger ou de grignoter entre les repas. Il aide à retrouver des sensations de satisfaction, de contentement et de plénitude, qui viendront remplacer le manque à combler.

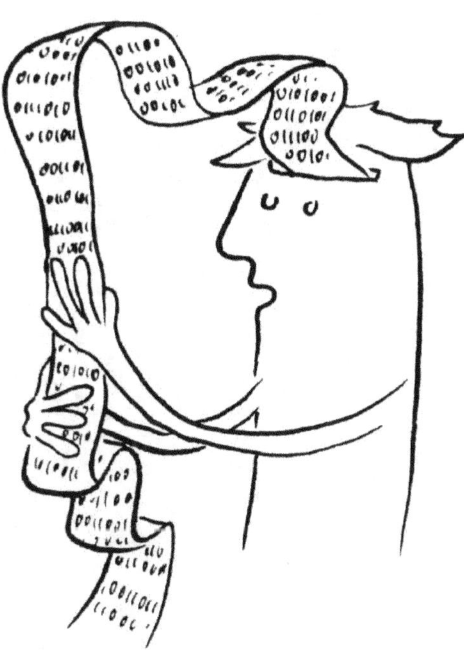

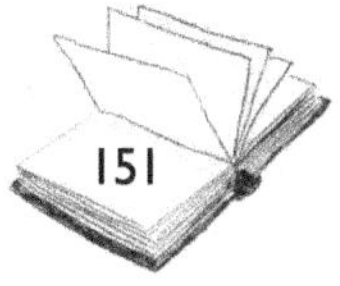

Culpabilité, remords

Il faut masser régulièrement le point qui se trouve sur le haut du menton en dessous et au milieu de la lèvre inférieure pour gommer tout ce qui ressemble à de la culpabilité, du remords ou du regret, mais aussi pour sortir de la tristesse, de l'accablement ou de la désolation. Il vous fera du bien également si vous avez tendance à vous punir ou à punir ceux qui vous ont blessé. Cette stimulation permet de mieux accepter les événements du passé, facilite le pardon (y compris pour soi-même) et donne le courage nécessaire pour tourner la page et aller de l'avant.

Ennui, découragement et autocensure

Si vous vous sentez défaitiste, que vous n'avez goût à rien et que vous vous empêchez de profiter de la vie, stimulez un point généralement assez sensible situé sous le creux de l'une ou l'autre aisselle (là où passe la bretelle d'un soutien-gorge féminin). Vous atteindrez facilement ce point en croisant vos bras sur la poitrine. Ainsi, lorsque le majeur de votre main droite masse le point situé sous votre bras gauche, vous éliminez ces émotions désagréables et vous obtenez une sensation de bien-être et davantage d'assurance pour exprimer vos capacités.

Confusion, indécision

Lorsque vous vous sentez irrésolu, confus, mou, indécis ou frustré, vous pouvez trouver sans difficulté un point sensible légèrement sous l'un ou l'autre sein à la verticale du mamelon. La sensation ressentie à la pression est le meilleur guide pour trouver ce point sensible. En stimulant ce point suffisamment longtemps, vous sortez de ce demi-sommeil intellectuel qu'est la confusion ou le doute. Vous développez davantage de confiance en vous et de dynamisme pour affirmer et exprimer vos compétences et vos talents.

Les ressorts cachés de l'émotion

Il y a des émotions que vous comprenez, que vous pouvez analyser, rationaliser ou expliquer. Mais il y en a d'autres qui vous poussent à agir de manière irrationnelle ou inconsciente. Il y a aussi certains sentiments, certaines sensations ou pulsions qui paraissent avoir une vie propre et qui échappent au champ de votre volonté. Pourquoi êtes-vous parfois capable de garder votre calme et de contrôler vos émotions, alors qu'à d'autres moments, vous les subissez en vous estimant totalement impuissant face à elles ? Quels sont les ressorts cachés de ces mécanismes et pouvez-vous y faire quelque chose ? C'est ce que nous allons commencer par explorer dans ce chapitre avant d'aborder une technique très efficace pour reprendre le contrôle de ses émotions.

La clef du changement

On pense généralement que, pour régler un problème, il suffit d'avoir assez de volonté. Certes, la volonté est une qualité indispensable quand il faut décider quelque chose. Elle est obligatoire lorsqu'il s'agit de choisir un outil, de démarrer une action, de continuer un effort ou de poursuivre une activité. Mais si la volonté fait partie de l'amélioration, elle n'est pas suffisante pour faire changer radicalement les choses. Il ne suffit pas seulement de vouloir pour réussir. La clef du changement, celle qui aide à sortir de la souffrance et des émotions les plus inextricables, a les mêmes caractéristiques qu'un iceberg. Quand on voit ces montagnes de glace flotter sur l'océan, on ne perçoit en fait que 10 % de leur totalité. La partie la plus importante, celle que l'on ne voit pas parce qu'elle est toujours plongée sous la mer, représente 90 % de l'iceberg. Rappelez-vous que c'est cette partie cachée de l'iceberg qui a fait couler le *Titanic* et causé la mort d'environ mille cinq cents personnes.

La clef du changement possède les mêmes proportions qu'un iceberg :

- la partie visible (10 % de l'ensemble) représente la volonté de changer, de faire ce qu'il faut pour cela et de continuer à le faire ;
- la partie invisible (90 %) s'appelle l'imagination. C'est elle qui est à l'origine de vos ennuis, mais c'est elle aussi qui, sous certaines conditions, va vous permettre de sortir de votre souffrance.

Les différentes formes d'imagination

D'une manière générale, l'imagination est tout ce que vous pouvez penser, spéculer, croire, concevoir ou inventer. À l'intérieur de ce vaste territoire que tout le monde expérimente, mais que très peu de gens connaissent véritablement, on distingue l'imagination active et l'imagination passive.

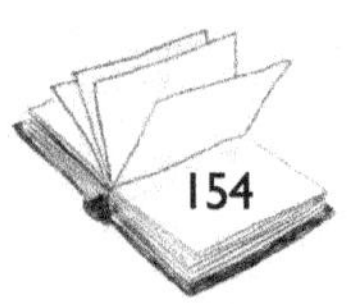

154

L'imagination active

L'imagination active est une activité *volontaire* grâce à laquelle vous pouvez inventer ou découvrir de nouvelles choses en assemblant différents souvenirs, connaissances ou expériences. L'imagination active est le mécanisme de base qui permet de faire preuve d'intelligence. C'est grâce à lui que vous inventez, que vous faites des découvertes, et plus simplement que vous prenez des initiatives ou que vous travaillez intelligemment.

L'imagination passive

L'imagination passive est une activité *involontaire* et incontrôlée qui produit des impressions sensibles chez celui qui les perçoit. Les émotions (agréables ou désagréables) sont les fruits de cette imagination passive.

L'imagination passive se nourrit de toutes les images et de tous les films que vous vous projetez sans cesse sur l'écran de vos pensées. Elle se construit aussi à partir de ces histoires qui racontent toujours à peu près la même chose et que vous vous répétez sans fin dès que vous les laissez entrer dans votre esprit.

Une part non négligeable de l'imagination passive et incontrôlée tire aussi sa substance de vos monologues intérieurs, qui ressassent inlassablement les mêmes scénarios de vengeance, de peur, de colère, d'abandon, de perte, de manque, de désespoir, d'angoisse ou de n'importe quelle autre émotion.

Le résultat de ce gigantesque spectacle audiovisuel est que l'imagination passive est remplie de jugements, de certitudes, de croyances et de convictions conscientes et inconscientes, qui sont la matière fondamentale de vos désirs, de vos espoirs, de vos craintes et de vos peurs. Grâce à ces matériaux, vos émotions peuvent se construire, prendre de l'ampleur et se matérialiser.

Imagination, émotions et réalité

Si vous tombez et que vous vous cassez la jambe, vous souffrez, et cette triste réalité ne pourra être soignée que par un médecin. Mais il n'y a pas que cela. En plus de la réalité physique incontestable, il y a aussi tout ce que vous pensez sur le sujet (vos émotions, vos craintes, vos espoirs ou vos angoisses). Tout ce que vous pouvez imaginer et spéculer sur la gravité de votre blessure et sur ses conséquences est de l'ordre de l'imaginaire. Peut-être craignez-vous de ne plus pouvoir marcher, de devoir être opéré, d'attraper une infection nosocomiale ou de boiter à vie. Ces peurs sont des émotions qui proviennent uniquement de ce que vous pensez et imaginez, et non directement de votre jambe cassée.

L'émotion est un fruit de la réalité, ce n'est pas la réalité elle-même. L'émotion est constituée à 90 % de pensées imaginaires qui prennent racine et qui se développent à partir des 10 % de réalité. Cette donnée est extrêmement importante, car ce n'est qu'à partir du moment où vous aurez bien saisi la distinction entre imagination et réalité que vous pourrez canaliser la puissance de votre imagination.

L'émotion se construit à partir d'opinions, de jugements ou de refus que vous portez sur ce qui est. Mais elle n'a pas d'autre consistance que celle que vous lui accordez. Attention, nous ne disons pas que l'émotion est illusoire, mais que tous vos problèmes, toutes vos émotions et tout ce que vous pouvez ressentir proviennent d'une imagination passive et incontrôlée qui interprète et extrapole à partir d'événements ou de situations réelles ou supposées.

– Si vous avez peur, c'est parce que vous « imaginez » que telle ou telle catastrophe risque d'arriver.

– Si vous êtes triste, c'est à cause de ce que vous avez perdu et que vous « imaginez » ne jamais pouvoir retrouver.

– Si vous êtes déprimé, c'est parce que vous « imaginez » que vous n'êtes pas capable de faire face à ce qui pourrait se passer ou de le modifier.

– Si vous êtes en colère ou stressé, c'est parce que vous « imaginez » les conséquences de ce qui s'est passé ou de ce qui pourrait arriver.

Dans plus de 98 % des cas, ce que vous craignez ne se produit jamais. Pourtant, vous continuez imperturbablement à vous empoisonner l'existence en imaginant les scénarios les plus effrayants. À force de subir votre imagination passive, en lui laissant libre cours, en l'ignorant ou en ne faisant rien pour reprendre son contrôle, vous êtes comme le chauffeur d'une voiture qui aurait perdu le contrôle de son véhicule. Ce n'est plus lui qui tient le volant, c'est la voiture qui le dirige contre son gré, en le menant là où il redoute d'aller !

La puissance de l'imagination

L'imagination non contrôlée est tellement présente que vous en oubliez son existence et sa puissance. Vous l'oubliez d'ailleurs d'autant plus qu'elle se trouve dans la partie non verbale de votre cerveau.

Voici quelques exemples qui montrent que l'imagination et l'hémisphère droit perturbent votre existence de manière insoupçonnée :

– Vous êtes capable de marcher sur un trottoir de cinquante centimètres de large. Mais qu'en est-il de votre belle aisance lorsqu'il s'agit d'avancer sur un sentier de largeur identique qui serpente... sur la crête d'une montagne dont les pentes, aussi lisses et abruptes que celles d'un toit, semblent vous attirer vers des précipices sans fond ?

– Quand un enfant apprend à faire du vélo, son équilibre est plutôt précaire. Il a peur de tomber, et dès qu'il aperçoit un obstacle comme un trou dans la chaussée ou un arbre dans un virage, il se crispe et finit par foncer dans ce qu'il cher-chait justement à éviter. La même chose se produit pour les adultes qui apprennent à faire du ski. Ils sont tellement concentrés et crispés sur ce qu'ils redoutent qu'ils en deviennent incapables d'éviter les autres skieurs, les pylônes, les creux, les bosses ou les sapins qui ont le malheur de se trouver sur leur passage.

– Quand vous n'arrivez pas à vous endormir, à calmer un fou rire ou à retrouver un nom qui vous échappe, le processus est le même. Vous voulez quelque chose, mais comme vous pensez ou vous répétez « c'est impossible », « je ne peux pas m'en empêcher », « je n'y arriverai jamais », etc., il est évident que vous vous donnez peu de chances de réussir.

À la lumière de ces quelques exemples, vous constatez que l'imagination est bien plus forte et puissante que la volonté. Lorsque vous obtenez l'inverse de ce que vous désirez, c'est uniquement parce que ce que vous imaginez a en réalité bien plus de poids que ce que vous désirez volontairement.

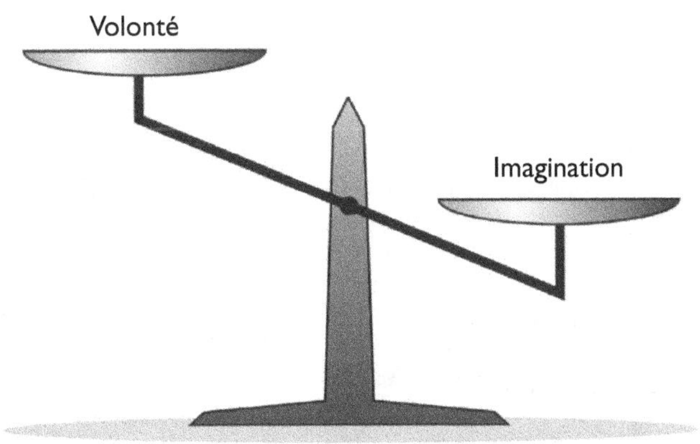

L'imagination a plus de poids que la volonté

Si vous tentez quelque chose en étant persuadé de ne pas y arriver, si vous vous dites que vous n'en êtes pas capable, que vous ne le méritez pas, que ce n'est pas possible, que vous n'y arriverez jamais, ou n'importe quelle autre idée défaitiste de ce genre, ne vous étonnez pas que l'échec soit finalement au rendez-vous !

Exercice : travailler sur des souvenirs désagréables

Prenez le temps de repenser à des situations désagréables qui vous ont particulièrement marqué. Maintenant, choisissez une situation précise et répondez aux questions suivantes pour voir comment votre imagination passive a pu vous mener à obtenir le contraire de ce que vous vouliez.

Qu'est-ce que je me disais dans cette situation ?

....

Quel était le leitmotiv de mes pensées ?

....

Comment est-ce que je me disais que je ne pouvais pas réussir ?

....

Est-ce que je pensais que le changement était possible ?

....

Comment ai-je justifié le fait que cela ne pouvait pas changer ?

....

Après avoir répondu à ces questions, êtes-vous toujours étonné de ne pas avoir réussi à faire changer la situation ?

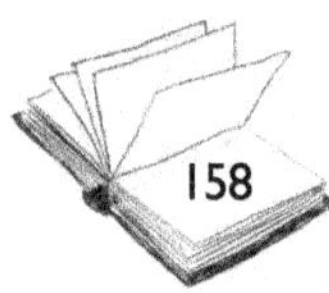

158

Volonté et imagination

La volonté est indispensable. Elle sert à indiquer la direction à suivre ou le but à atteindre. Mais ce qui arrive ensuite dépend en grande partie de ce que vous imaginez.

André est très fier de sa volonté. Cet homme compétent est sûr de lui. Il dit toujours : « Il suffit de vouloir pour réussir » et sa vie le prouve, car ce qu'il entreprend est régulièrement couronné de succès. Il mène brillamment sa carrière professionnelle et atteint la plupart des objectifs qu'il se fixe. Pour lui, la vie est un jeu dans lequel il faut savoir être audacieux si l'on veut réussir. Bien sûr, il lui arrive d'échouer, mais dans ces cas-là, « c'est de la faute des autres » ou, comme il le dit, « c'est la faute à pas de chance ».

André est ce que l'on appelle un caractère fort. Courageux, volontaire, il aime que les choses se passent comme il le veut. L'inconvénient, c'est qu'il a tendance à repousser ou à mépriser ceux qui ne pensent pas comme lui, ceux qui (d'après lui) manquent de volonté, qui se laissent aller, qui s'écoutent trop ou qui ne font pas assez d'efforts. Il aime montrer sa supériorité en pointant les faiblesses des autres, mais ne supporte pas qu'on parle des siennes, notamment en ce qui concerne son besoin de fumer.

Lorsque l'envie lui vient d'allumer une cigarette, et malgré ses efforts pour penser à autre chose, il « sait » que ce besoin sera toujours le plus fort et qu'il finira par céder. Il aimerait bien pouvoir chasser cette envie comme il le fait avec ceux qui l'importunent, mais il n'y parvient pas.

Lorsqu'il finit par céder à son envie, il sauve les apparences en ayant toujours une bonne raison : « j'en ai besoin pour me détendre », « cela m'aide à réfléchir », « je m'arrête quand je veux », « après tout, je l'ai bien méritée », « je fume parce que j'en ai envie », « demain, j'arrête ! », etc.

Lorsque son envie a été assouvie et qu'il écrase son mégot dans le cendrier, André s'en veut d'avoir manqué de volonté et d'avoir cédé à ce besoin qui le dévore et qu'il ne peut contrôler. Il se répète qu'il est faible, qu'il manque de volonté, qu'il ne peut s'empêcher de fumer et que ce besoin est plus fort que lui. Chaque nouvel échec, chaque nouvelle cigarette lui fait penser un peu plus qu'il est incapable de combattre son désir de fumer. Son imagination est toujours la plus forte, car elle lui dit, lui répète et lui prouve sans cesse qu'il ne peut y arriver !

Lorsque André a commencé à utiliser la technique de l'EMD telle qu'elle est présentée au chapitre 10 pour désensibiliser son besoin de fumer, il voulait que cette compulsion disparaisse tout de suite et à jamais. Mais comme après plusieurs jours, il a constaté que l'envie était toujours présente, il s'est découragé et a cessé d'utiliser cet outil.

Les volontés les plus fortes et les caractères les mieux trempés sont toujours perdants lorsque l'imagination va à l'encontre de la volonté. Si André avait été un peu plus attentif à ce qui se passait dans la réalité et non à ce qu'il imaginait devoir se produire, il aurait pu voir qu'après chaque séance de désensibilisation, son besoin de fumer était de moins en moins pressant. S'il avait fait preuve d'un peu plus de persévérance dans l'utilisation de la technique, l'envie aurait inévitablement fini par disparaître. Malheureusement, en lui faisant croire que son besoin de fumer pouvait disparaître d'un coup de baguette magique et qu'il suffisait d'un peu plus de volonté pour y arriver, son imagination passive a été la plus forte.

La « technique à Émile »

Peut-on arrêter d'être triste, pessimiste ou déprimé quand on ne cesse de penser à ses problèmes ? Peut-on réellement retrouver sa route et éviter les obstacles en regardant constamment dans la mauvaise direction ? Nous allons voir qu'il est possible de s'extraire des émotions désagréables et de redresser les situations les plus désespérées en utilisant une technique spectaculairement simple et efficace.

À l'origine de la souffrance

Qu'il s'agisse de suivre un régime, de chasser vos idées noires, d'échapper à des pensées de haine ou de rancune, de sortir d'un profond abattement ou de vous extraire d'une crise d'angoisse, le même germe est toujours à l'origine de ces difficultés : une imagination débordante et mal contrôlée qui vous transforme en pauvre marionnette manipulée par des cauchemars et des fantasmes souvent illusoires, mais ô combien douloureux.

Un hypocondriaque surveille constamment sa santé dans la crainte d'être malade. Il traque le moindre symptôme pouvant lui annoncer qu'il est atteint d'une maladie terrible ou incurable. Il passe son temps à consulter les médecins, mais n'est jamais rassuré, car son imagination est toujours la plus forte et surtout la plus inventive.

La personne jalouse se « ruine la vie » en prenant appui sur un petit doute, une vague idée, ou sur le souvenir d'un grief qu'elle nourrit et amplifie grâce à l'activité débordante de son imagination incontrôlée.

À partir du moment où l'imagination incontrôlée trouve un prétexte pour se mettre en route (anxiété, angoisse, manque de confiance en soi), il est très difficile de l'arrêter par la seule volonté.

Lorsqu'un problème vous obsède, vous pouvez essayer de penser à autre chose. Vous pouvez aussi vous lancer dans une activité pour arrêter le flux des pensées qui vous gênent : cinéma, lecture, activité manuelle… Vous pouvez tenter d'oublier un chagrin d'amour ou une très mauvaise nouvelle en vous lançant à corps perdu dans le travail. Mais ce genre de remèdes n'agit qu'un temps. Dès que votre esprit n'est plus occupé par une activité, l'émotion ou les pensées indésirables reviennent immédiatement frapper à la porte de votre conscience.

Peut-on penser deux choses à la fois ?

Vous ne pouvez pas être triste et joyeux en même temps. Vous pouvez passer très rapidement d'un état à un autre, mais vous ne pouvez absolument pas les vivre, ni même les faire se superposer au même instant. Votre esprit est comme un seau percé qui ne conserve rien. Tout ce que vous y versez s'en échappe immédiatement par le trou qui est au fond. Il en est de même avec vos pensées et avec vos émotions. Elles ne peuvent rester très longtemps présentes dans votre esprit. À peine commencez-vous à y penser

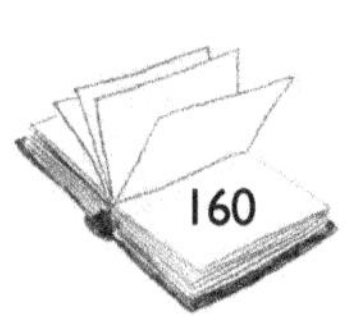

que déjà elles commencent à disparaître. Pour vous en convaincre, il suffit d'observer combien les émotions agréables, les moments de paix, d'amour ou de bonheur sont de courte durée.

Mais si les moments agréables sont toujours trop courts et ne durent pas longtemps, il n'en est pas de même avec les émotions désagréables ou avec les mauvais souvenirs, qui eux semblent défier le temps. À quoi cela tient-il ? Est-ce dû à la qualité des émotions ou y a-t-il une autre raison ?

La persistance des émotions

Si certaines pensées ou émotions perdurent dans le temps, ce n'est pas parce qu'elles sont différentes des autres, mais uniquement parce que vous n'arrêtez pas d'y penser. En réalité, chaque émotion ou chaque pensée ne reste inscrite que très peu de temps dans votre conscience. Si l'on vous demande d'appeler un numéro de téléphone inconnu sans que vous ayez l'opportunité de le noter quelque part, vous n'aurez pas d'autre solution que de vous le répéter mentalement jusqu'à ce que vous l'ayez composé. La moindre distraction le ferait disparaître de votre mémoire.

C'est uniquement la répétition mentale de ce qui vous préoccupe qui lui donne une apparence de solidité à toute épreuve. Le bavardage mental ressasse toujours les mêmes choses, recrée constamment les mêmes pensées ou les mêmes émotions sur l'écran de votre conscience. À chaque fois qu'une pensée disparaît, une autre en tous points identique vient s'inscrire à sa place. Cette manière de répéter ou de ruminer les mêmes pensées est comparable à une séance de cinéma. Durant la projection, chaque image est fixe pendant 1/50 de seconde, mais la succession des images sur l'écran donne une impression de continuité, de mouvement et de vie dans le cerveau de celui qui l'observe. C'est à cause de cette manie de penser sans cesse à ce qui vous préoccupe que vous maintenez en vie ce que justement vous cherchez à fuir. En agissant ainsi, vous pouvez dire à juste titre que vous êtes votre premier et pire ennemi. Mais vous pouvez aussi devenir votre meilleur allié, en reprenant le contrôle de vos émotions.

« Je vais bien, tout va bien… »

Si vous voulez reprendre le contrôle de vos émotions, il y a des erreurs à ne pas commettre. La plus fréquente est d'affirmer le contraire de ce que vous êtes en train de vivre. Ce n'est pas en répétant « je vais bien, tout va bien » que vous allez faire disparaître votre panique ou votre angoisse. Affirmer « je suis calme » lorsque vous bouillonnez de colère ou dire « je n'ai pas peur » quand celle-ci vous paralyse produit rarement le résultat escompté.

Une autre erreur courante consiste à vouloir utiliser sa volonté pour reprendre le contrôle de ses émotions. La volonté la plus forte est toujours plus faible que l'imagination. Ce n'est pas en affirmant « je n'ai pas le vertige » que vous deviendrez subitement capable de monter sur une échelle ou de vous approcher d'un précipice. Même s'il le veut très fort, un vrai claustrophobe sera incapable de faire de la spéléologie.

Tout cela s'explique par le fait que lorsque vous traversez une émotion désagréable, vous êtes persuadé de la réalité de ce que vous vivez. Pour celui qui pense sincèrement être timide, malchanceux, malheureux en amour, indécis, antipathique ou qui en veut au monde entier, il est très difficile de changer de point de vue pour imaginer une autre manière de voir les choses. Vous ne pouvez pas tricher avec vous-même. Ce n'est pas en cachant la réalité d'une souffrance sous une utopie à laquelle vous ne croyez pas que vous allez parvenir à canaliser les débordements émotionnels de votre imagination passive. Alors que faire ?

Dompter son imagination

Heureusement, il en est de votre imagination comme d'une rivière. Vous pouvez la canaliser pour éviter les débordements intempestifs. Vous pouvez aussi aménager des lacs de retenue et construire des barrages pour mettre sa puissance à votre service. Pour commencer, voici un exercice dont le but est de vous montrer que, lorsque votre hémisphère gauche (la volonté) et votre hémisphère droit (l'imagination) travaillent consciemment sur un même objectif, vous pouvez contrôler votre imagination en la mettant au service de votre volonté.

Exercice : imaginez un cheval...

Au cours de cet exercice, arrêtez-vous après chaque phrase pour prendre le temps de bien voir la scène et d'apprécier le spectacle que vous allez visualiser à partir de chacune des propositions suivantes :

— Imaginez un cheval dans une vaste prairie couverte d'herbe et de fleurs.

— C'est un beau cheval noir qui galope en décrivant de grands cercles autour de vous.

— Prenez le temps de bien l'observer.

— Faites-le accélérer ou ralentir au gré de votre fantaisie.

— Faites-le s'arrêter pour manger quelques herbes appétissantes.

— Faites-le repartir au petit trot avant de le lancer dans un long galop effréné.

— Observez comment sa crinière et sa longue queue volent au vent dans sa course.

— Entendez le bruit des sabots qui résonnent sur le sol.

— Maintenant, faites venir ce cheval vers vous.

— Faites-le tourner en cercle d'un côté, puis d'un autre.

— Prenez plaisir à faire évoluer ce magnifique animal.

— Faites-le se cabrer, piaffer ou repartir au grand galop dans un nuage de poussière.

— Enfin, faites-le revenir tranquillement vers vous pour se faire caresser.

Au fur et à mesure de ce petit travail, les images deviennent généralement de plus en plus précises. Si vous vous prenez au jeu, vous éprouverez un plaisir grandissant à faire évoluer le cheval, à le mener à votre guise et à l'observer sous différents angles.

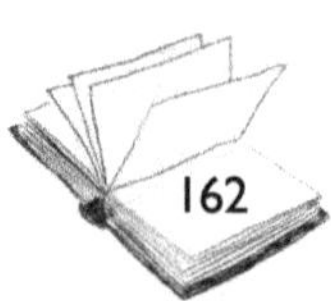

Avec l'imagination, vous êtes libre de zoomer sur un détail et de revenir sur une vaste vue d'ensemble. Vous êtes à la fois la caméra qui filme la scène, mais aussi le cheval, la prairie, chaque brin d'herbe, et tout ce qu'il vous plaît d'y mettre : nuages, oiseaux, poussière, etc.

Prenez le temps de faire tranquillement cet exercice agréable qui met en relief la puissance de l'imagination active. Il vous montre clairement que, lorsqu'il n'y a pas d'opposition entre ce que vous voulez et ce que vous imaginez, l'ensemble est très facile à mettre en route et à contrôler. Aussi longtemps que votre imagination ne s'oppose pas à votre volonté, vous maîtrisez la situation, vous faites ce que vous voulez et allez là où bon vous semble.

Vous devez vous rappeler qu'il existe deux formes d'imagination. La première dite « active » sert à rêver, à imaginer, à créer. La seconde dite « passive » est à l'origine de tout ce que vous pensez sans même vous rendre compte que vous le faites. C'est l'imagination passive qui entretient et développe vos émotions de manière compulsive en vous répétant les mêmes idées ou en vous repassant en boucle les mêmes histoires déprimantes. Aussi longtemps que vous ne serez pas capable de surpasser votre imagination passive, vous ne pourrez pas maîtriser vos émotions. Si vous oubliez que vos émotions sont faites à 90 % d'imagination passive, vous resterez prisonnier de vos pensées négatives.

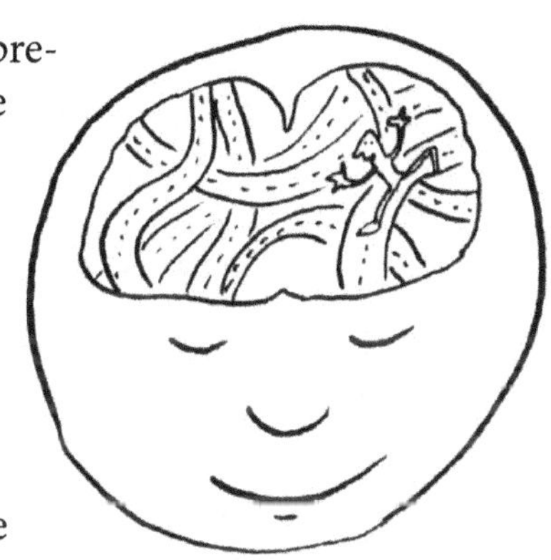

Introduire un cheval de Troie (ou de Troyes ?)

L'idée de base pour reprendre le contrôle de l'imagination passive correspond à la technique dite du cheval de Troie que l'on fait remonter à Homère. Dans *L'Odyssée*, celui-ci raconte la ruse inventée par les Grecs pour s'emparer de la ville de Troie, qu'ils assiègent en vain depuis plus de dix ans. Ils construisent un gigantesque cheval en bois, dans lequel se cache un groupe de soldats menés par Ulysse, puis font semblant de partir. Les habitants de la cité font entrer le cheval dans la ville et organisent une grande fête pour célébrer le départ des Grecs. Au milieu de la nuit, lorsque les habitants sont pris par la torpeur de l'alcool, les Grecs sortent du cheval et ouvrent alors les portes de la ville pour permettre au reste de l'armée d'entrer et de piller la cité. Petite cause et grands effets, la ville est vaincue !

Un cheval de Troie est aussi un virus informatique qui s'introduit dans les ordinateurs à l'insu de leur utilisateur. Qu'il s'agisse d'Ulysse ou d'un pirate informatique, le principe reste le même : une petite chose discrète parvient à prendre le contrôle d'un système beaucoup plus important.

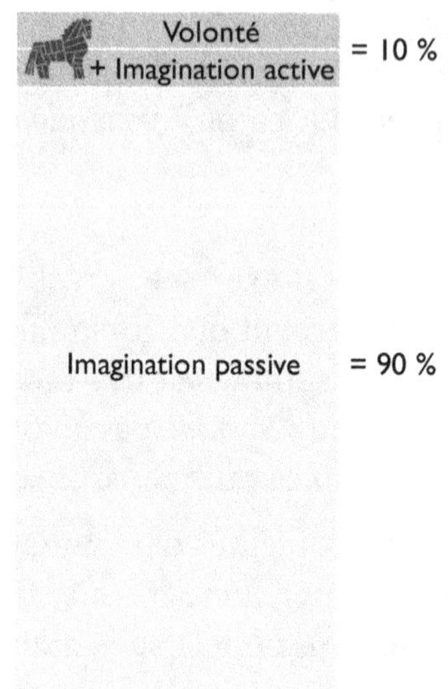

La volonté et l'imagination active sont plus puissantes que la seule imagination passive

À la fin du XIXe siècle, un pharmacien de la ville de Troyes en Champagne a fait une découverte extraordinaire. Partant du principe que les émotions sont constituées à 90 % d'imagination passive incontrôlée, il réalisa qu'on pouvait en reprendre volontairement le contrôle par le biais de l'imagination active utilisée comme un virus du type « cheval de Troie ». Bien avant l'invention de l'informatique, cet homme avait trouvé le moyen d'inventer et d'implanter un virus dans l'extraordinaire ordinateur portable qu'est le cerveau humain.

Le programme de ce virus mental (qui est améliorant et non destructeur) tient en treize mots : « Chaque jour, à tous points de vue, je vais de mieux en mieux. » Pour le mettre en route et le faire fonctionner, il suffit de répéter, vingt fois le matin et vingt fois le soir, cette petite phrase facile à retenir et aux conséquences incalculables. Lorsque vous aurez compris le sens profond de cette phrase et que vous y aurez pensé suffisamment souvent, ce virus, tel un cheval de Troie, pourra reprendre le contrôle de votre imagination passive et vous libérer de vos émotions désagréables.

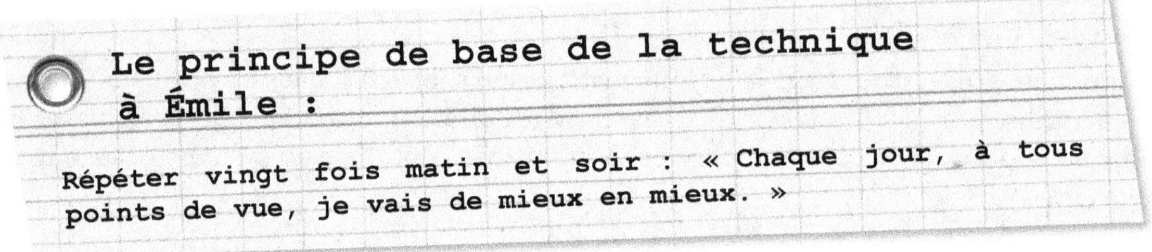

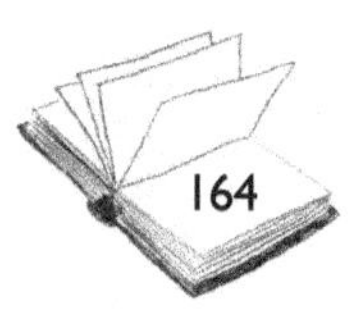

Cette méthode, que nous avons rebaptisée « la technique à Émile », est une manière d'envisager l'avenir qui ne demande pas un gros effort d'imagination. Il ne s'agit pas de se forcer à croire en quelque chose d'impossible, ni d'attendre un changement radical ou une guérison spontanée, mais d'affirmer que progressivement, et régulièrement au fil des jours, les choses vont s'améliorer. Attention, le but n'est pas d'imaginer *ce* qui va se passer ni *comment* cela va se passer. Non, il suffit de commencer par accepter l'idée que, finalement, la situation ne peut plus empirer. En acceptant l'idée qu'à partir de maintenant, la situation ne peut aller qu'en s'améliorant, vous n'avez rien à perdre. S'il ne se passe rien, votre situation ne pourra être pire que ce qu'elle est ! Mais si jamais cela marche, vous avez tout à y gagner.

Généralement, on a du mal à croire qu'une phrase aussi simple répétée vingt fois matin et soir puisse produire de tels effets. Pourtant, c'est le cas et on ne compte plus le nombre de personnes qui utilisent cette méthode mise au point par Émile Coué. Les nombreuses techniques plus modernes de pensée positive, de relaxation dynamique ou d'imagination créatrice qui sont apparues depuis s'appuient toutes sur les travaux de cet homme. Mais elles ont aussi en commun le fait de laisser dans l'ombre le nom de ce grand pionnier, dont l'œuvre et le nom n'ont survécu que parce qu'ils ont été tournés en ridicule par l'ignorance populaire.

Pourquoi ça marche ?

Trois éléments fondamentaux sont à la base de cette méthode simple, rapide et efficace. Il s'agit de la suggestion et de l'autosuggestion, de la répétition et de la valeur des mots utilisés. Si l'un de ces trois éléments vient à manquer, la méthode échouera à coup sûr.

Suggestion et autosuggestion

Ce n'est pas en vous répétant quelque chose auquel vous ne croyez pas que cette chose va devenir vraie. Vous pouvez vous répéter sans arrêt « j'aime les épinards », mais si vous n'aimez pas ce légume, cela ne changera rien au problème. En revanche, si un jour on vous présente des épinards très bien cuisinés et que vous y goûtez sans *a priori*, vous allez découvrir quelque chose de délicieux et qui n'aura rien à voir avec ces feuilles amères, insipides et trop cuites qu'on vous servait à la cantine lorsque vous étiez enfant.

Lorsque vous voulez faire comprendre quelque chose à quelqu'un, la seule chose que vous puissiez faire est de présenter suffisamment bien la suggestion pour que la personne l'accepte et la fasse sienne. Ce n'est qu'à partir de ce moment-là que la suggestion aura de l'effet, car elle sera devenue autosuggestion. Si les Troyens d'Homère avaient flairé le piège, ils n'auraient jamais fait entrer le cheval dans leur ville.

Techniquement, il n'est pas très difficile de faire entrer quelque chose dans l'esprit de quelqu'un. La publicité le fait très bien, pour influencer ou modifier les goûts ou les habitudes. À travers la

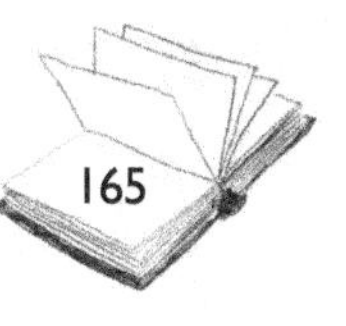

radio, la télévision, les journaux, les prospectus dans les boîtes aux lettres, les panneaux publicitaires, les autocollants sur les voitures ou sur les bus, les affiches dans les transports en commun, sur les murs, sur les quais ou dans les magasins, vous êtes chaque jour soumis à environ trois mille messages publicitaires ! La plupart des chansons ne deviennent des succès et ne déclenchent un acte d'achat qu'après avoir été matraquées suffisamment longtemps à l'antenne. N'importe quel discours politique, syndical ou religieux procède exactement du même principe. À force d'entendre les mêmes idées formulées avec suffisamment de force et de conviction, celles-ci finissent par prendre racine dans l'esprit de celui qui les reçoit sans discernement, et se transforment en autosuggestion.

Exercice : décrypter l'information

À la prochaine interview que vous entendrez à la radio, demandez-vous ce que l'orateur essaie de vous faire comprendre ou de vous faire croire. Quelle idée essaie-t-il de vous suggérer ? En étant attentif à l'intention qui se cache derrière les paroles entendues, les mots perdent rapidement leur sens direct et dévoilent la pensée véritable de celui qui les prononce.

Ce petit jeu est extrêmement instructif, car en allant au-delà des apparences, il donne beaucoup de recul et rend plus objectif par rapport à l'information. C'est également un excellent moyen d'apprendre à moins se faire manipuler.

Soyez également attentif aux reportages appelés micros-trottoirs. Avec un peu d'entraînement et en surveillant les coupures de rythme qui trahissent le montage entre les phrases, vous pourrez deviner ce que le journaliste pense ou essaie de vous communiquer en manipulant les mots de la personne interviewée.

Autosuggestion et répétition

L'autosuggestion est l'implantation d'une idée en soi-même et par soi-même.

Nous venons de voir qu'une suggestion ne peut réussir que si celui qui l'entend la transforme en autosuggestion. Le processus est le même en ce qui concerne vos émotions et vos pensées désagréables. Au départ, ce ne sont jamais que des suggestions proposées par votre imagination. Mais à force de les examiner, d'y penser et d'y repenser, vous finissez par les accepter comme vraies. Les suggestions se sont transformées en autosuggestions. Celui qui se répète constamment qu'il est timide et qu'il n'osera jamais faire telle ou telle chose ne fait que s'autopersuader et se convaincre de la réalité de son affliction. Pour une personne jalouse, un petit élément inhabituel instille un doute. Puis, à force d'y réfléchir, ce doute se transforme en soupçon, et à force d'y penser, le soupçon devient tout naturellement une certitude.

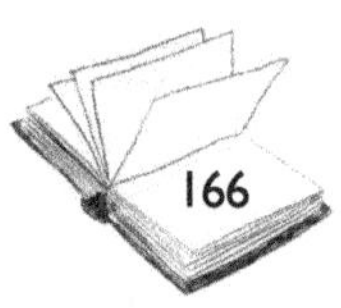

Un homme roulait tranquillement au volant de sa voiture sur une petite route de campagne lorsque, soudain, une de ses roues crève. Il descend de son véhicule et découvre que ce n'est pas une, mais deux roues qui sont à plat. C'était avant l'invention du téléphone portable, et il n'a d'autre ressource que de partir à pied vers le prochain village où il sait que se trouve un garagiste. Le temps passe, la nuit tombe et l'homme se dit que le garagiste doit être en train de dîner et qu'il ne va pas vouloir se déranger. La pluie commence à tomber et son imagination s'enfièvre. Il se voit déjà tambourinant en vain à la porte du garagiste. À force d'insister, il entend ce dernier lui dire que c'est fermé, que son garage n'est pas un self-service, qu'il est trop tard et qu'il faut revenir le lendemain. Lorsqu'il arrive enfin dans le village, le « chauffeur piéton » est tellement en colère qu'après avoir appelé à la porte du garage, et alors que le garagiste s'apprête à ouvrir sa fenêtre pour savoir de quoi il s'agit, il lui hurle : « Garde-le, ton mauvais caractère, et ne te plains pas si tu n'as plus de clients ! »

Plus vous pensez à quelque chose et plus vous finissez par vous en persuader. Mais vous ne pouvez pas vous autosuggérer en une seule fois. Cela demande de la répétition et de la constance.

Qu'il s'agisse de timidité, de peur, d'angoisse, de phobie, de rancune, de colère ou d'impuissance, plus vous vous répétez les mêmes idées funestes, plus vous vous autosuggérez et plus vous y croyez. Plus une pensée vous paraît réelle, et moins vous pouvez vous y opposer. Tant que vous êtes persuadé de la valeur de vos constructions mentales désagréables, l'imagination passive vous guide et vous conduit irrémédiablement vers ce qu'elle construit. Tant que vous écoutez et croyez à ce que vous soufflent insidieusement vos émotions, vous êtes le jouet des fruits de votre imagination. La seule solution pour contrer ce phénomène est de faire la même chose que l'imagination passive, mais cette fois de manière consciente. En répétant vingt fois le matin et vingt fois le soir « chaque jour, à tous points de vue, je vais de mieux en mieux », vous travaillez à vous autosuggérer positivement. Cette répétition volontaire, qui demande environ une minute le matin et autant le soir, est indispensable pour maintenir le virus du cheval de Troie en vie. Si vous ne remettez pas constamment à niveau le seau percé de votre esprit, celui-ci va se vider des pensées précédentes et, rapidement, il n'y aura plus de virus améliorant. C'est d'ailleurs la seule et unique raison pour laquelle cette technique peut ne plus fonctionner. On entend certaines personnes dire parfois : « Oui, la méthode Coué marche très bien, mais ça ne dure pas. » Si on les interroge un peu plus profondément, on découvre à chaque fois qu'elles ont arrêté de s'en servir dès qu'elles allaient un peu mieux.

Un acte conscient

Dans la vie de tous les jours, vous ne cessez pratiquement pas de vous répéter les mêmes pensées. Lorsque vous remplissez le seau percé de votre esprit avec des pensées négatives, on parle de préoccupations. Mais lorsque vous vous répétez volontairement des pensées positives, les ignorants disent que vous vous illusionnez, que vous essayez de vous convaincre… Pourtant, si vous y regardez de plus près, seul le thème ou la couleur des pensées change, pas la méthode qui consiste à se répéter toujours et encore les mêmes choses pour maintenir le seau bien rempli malgré ses fuites. Avec cette technique, la répétition consciente n'est pas une incantation magique. C'est un acte conscient, une affirmation que vous posez volontairement en lieu et place des affirmations négatives et subconscientes qui sont à l'origine de vos émotions désagréables.

Treize mots qui changent tout

« Chaque jour, à tous points de vue, je vais de mieux en mieux. » Ces treize mots répartis en trois éléments sont tellement remarquables qu'ils méritent que vous preniez le temps de les examiner en profondeur.

« *Chaque jour* »

Ce premier élément implique l'idée d'une amélioration progressive et sans limite. En utilisant régulièrement cette méthode, chaque jour qui passe représente une nouvelle marche qui vous élève vers davantage de mieux-être et de sérénité. Peu importe le niveau de la marche ou le nombre de marches que vous avez déjà gravies ou qui vous restent à gravir. Seul compte le fait qu'aujourd'hui est meilleur qu'hier, et que demain le sera plus encore.

« Chaque jour » ne se limite pas à vos journées de vingt-quatre heures. L'amélioration se fait à chaque instant. À chaque heure, à chaque minute et à chaque seconde… « je vais de mieux en mieux ». Maintenant que l'amélioration est enclenchée, elle est inexorable. Quoi qu'il se passe, à partir de cet instant, vous allez de mieux en mieux.

Même s'il vous arrive parfois de vous sentir un peu moins bien, c'est encore et toujours une amélioration. Lorsque vous n'arrivez pas à voir vos erreurs, il vous faut parfois aller moins bien pour découvrir ce qui ne va pas et corriger le tir. Un médicament peut avoir mauvais goût et une piqûre est souvent douloureuse. Mais c'est le résultat qui compte, pas le moyen utilisé pour aller mieux. N'oubliez jamais que même dans le mauvais, il n'y a pas que du mauvais.

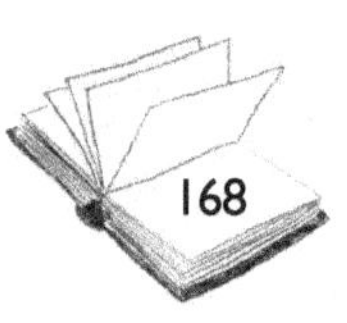

« à tous points de vue »

Ce deuxième élément est peut-être l'idée la plus géniale d'Émile Coué, car elle ouvre la porte à toutes les possibilités d'amélioration sans aucune restriction et dans tous les domaines de la vie.

« À tous points de vue » correspond tout d'abord à ce qui vous touche personnellement : votre santé, votre confiance en vous, votre équilibre personnel, votre manière d'être. C'est le premier cercle, le plus intime.

« À tous points de vue » concerne aussi le deuxième cercle : les relations avec la famille, les amis et les proches. Là, votre point de vue est plus large : vous vivez et pensez en termes de famille et d'amis. Dans certains cas, leur intérêt peut passer avant le vôtre : « J'aurais aimé pouvoir me reposer, mais il faut emmener les enfants à l'école. »

Le troisième cercle concerné par ces quelques mots est social. Il englobe vos relations avec le monde du travail et avec les autres en général : collègues, associations, syndicats, partis politiques et tout groupe d'idées auquel vous participez de près ou de loin. Ces groupes demandent parfois que vous leur sacrifiiez des intérêts plus personnels ou familiaux. Par souci de l'environnement par exemple, vous pouvez être amené à prendre des dispositions qui ne vont pas nécessairement dans l'intérêt immédiat de votre famille ou de vous-même : avoir des activités syndicales ou politiques prenantes, imposer des économies d'énergie à la maison, privilégier les transports en commun alors que vous seriez plus tranquille en voiture, etc.

Ces trois premiers cercles baignent dans un quatrième cercle qui n'a pas de limite et qui correspond à la spiritualité. Il englobe les autres et les dépasse. Un jour ou l'autre, vous serez amené à vous interroger sur la manière dont vous vous comportez avec vous-même, avec vos proches et avec la vie en général. Dans ce domaine-là aussi, vous pouvez affirmer et répéter que « chaque jour, à tous points de vue, je vais de mieux en mieux ».

« je vais de mieux en mieux »

Ce dernier élément ne fait référence à aucune situation ni aucun contexte. En pensant que vous allez de mieux en mieux, vous ne faites pas de bilan. Vous ne vous dites pas « je suis malheureux pour telle raison, et maintenant, il va se passer telle chose qui va me rendre heureux ». Vous ne faites ni constat ni jugement sur ce qui vous gêne ou sur ce qui vous accable. Vous ne faites pas non plus de pronostic et vous n'attendez rien de précis. Vous décidez simplement qu'à partir de maintenant, vous prenez la route de l'amélioration et que, quoi qu'il arrive, vous ne pouvez pas faire autrement que d'aller de mieux en mieux.

Aller de mieux en mieux, c'est aussi être prêt à reconnaître ses erreurs. Il peut arriver que vous alliez mal à nouveau, que vous replongiez dans vos difficultés. Mais ce ne sera jamais aussi grave que ce que vous avez connu. Il n'est plus possible que vous alliez plus mal qu'avant. À partir de cet instant précis et quelle que soit votre situation, vous allez de mieux en mieux.

Comment ça marche ?

La « technique à Émile » est un remède généraliste à la fois préventif et curatif. Il convient très bien aux situations confuses, aux émotions complexes… Cette pratique peut viser des émotions ou des situations précises, mais son avantage premier est d'ouvrir la porte à l'amélioration et au changement lorsqu'ils paraissent hors de portée.

À l'époque où l'on découvrait le magnétisme et l'hypnose, et alors que Freud était encore un étudiant, Émile Coué conseillait de répéter sa formule sur un ton monotone et berceur sans chercher à fixer son attention sur le sens des mots, mais suffisamment fort pour pouvoir les entendre. Il précisait que l'autosuggestion doit être aussi simple, enfantine et machinale que possible. Il n'y a aucun effort particulier à fournir. Vous pouvez murmurer les mots ou les crier, par exemple quand vous êtes seul en voiture. En répétant cette autosuggestion, vous ne devez surtout pas être crispé ou tendu dans l'attente d'un résultat. Mais il n'est absolument pas interdit de se réjouir devant la beauté et l'espérance que contient cette fameuse phrase. Elle doit être exprimée sans passion ni détermination excessive, mais toujours avec douceur et dans une confiance absolue.

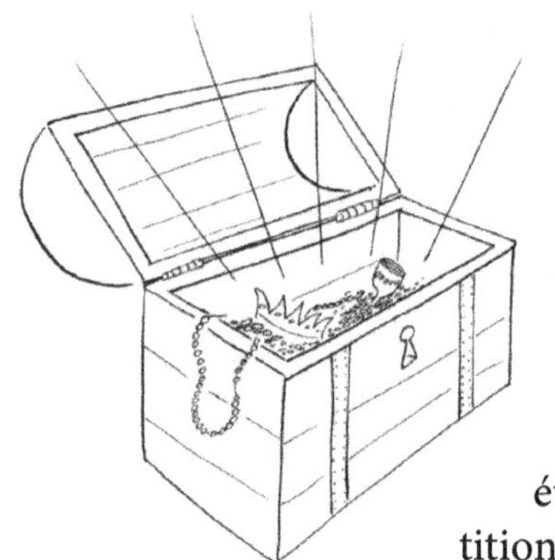

La répétition n'est pas une affaire de volonté, mais d'imagination. L'imagination est le moteur le plus puissant qui soit. Pendant que vous articulez ces mots, ne pensez à rien de spécial, ni à vos maladies, ni à vos désirs, ni à vos peines. Soyez passif, avec cette seule idée que, maintenant, tout est pour le mieux. C'est le meilleur moyen pour que votre subconscient (l'imagination passive) enregistre et fasse aboutir, à sa manière, ce qui lui est ainsi suggéré. Pour ne pas faire d'effort en comptant les répétitions, Émile Coué conseillait d'utiliser une cordelette sur laquelle vous aurez noué vingt nœuds. Il est vrai qu'alors, les chapelets étaient en vogue. Aujourd'hui, vous pouvez simplement compter les répétitions sur vos dix doigts, une fois dans un sens et une fois dans l'autre.

La foire aux questions

Le nombre de répétitions est-il important ?

Dix-neuf ou vingt et un, peu importe ! L'essentiel est de graver la pensée dans votre mémoire active pour créer et entretenir l'autosuggestion. Il vaut mieux réalimenter régulièrement le seau percé de votre attention plutôt que d'attendre qu'il soit vide pour penser à le remplir à nouveau. L'effort est moins grand et l'efficacité plus certaine.

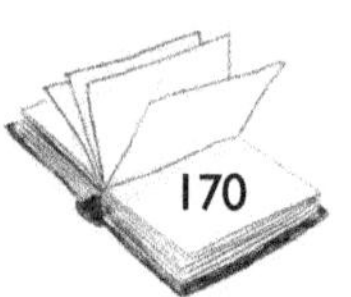

Y a-t-il des moments privilégiés pour utiliser la « technique à Émile » ?

Il n'y a pas d'horaires meilleurs que d'autres. Mais pour faciliter la régularité de la pratique, mieux vaut trouver des moments où vous êtes certain d'y penser, par exemple le soir en vous mettant au lit et le matin au réveil. N'importe quel autre repère sûr fera l'affaire. Vous pouvez également pratiquer cette technique plusieurs fois dans la journée si vous avez envie de le faire. Cette répétition ne doit jamais être une obligation, mais un plaisir.

Puis-je observer que les problèmes ont disparu ?

Non seulement vous pouvez le faire, mais il est fortement conseillé de le faire, ne serait-ce que pour voir à quel point cette technique est efficace. Plus vous observerez d'améliorations, plus vous aurez confiance en cette technique, et moins vous vous laisserez mener naïvement par votre imagination passive.

Que se passe-t-il si j'oublie de pratiquer la technique à Émile ?

Si vous sautez un jour, ce n'est absolument pas grave. Le seul danger est qu'en commençant à ne plus pratiquer, vous risquez d'oublier de reprendre les répétitions, laissant ainsi le seau percé de votre attention se vider progressivement des pensées dont vous l'aviez rempli.

Si vous restez longtemps sans pratiquer, il y a des risques pour que votre imagination passive se remette en route et pour que vous retombiez dans de nouvelles (ou d'anciennes) difficultés. Dans ce cas, il suffit de reprendre la procédure et de vous en servir. Cette technique n'est pas rancunière…

Peut-on utiliser cette technique longtemps ?

Utilisez-la aussi longtemps que vous le désirez. Le seul danger maintes fois repéré est de ne plus l'employer. N'oubliez pas que cette technique est certes curative, mais aussi préventive. De la même manière que vous vous lavez les dents ou que vous prenez des précautions pour rester en bonne santé, vous pouvez utiliser la « technique à Émile » pour éviter l'apparition de situations ou d'émotions désagréables. Elle ne s'use pas quand on s'en sert régulièrement

Je n'obtiens pas ce que je désire

La technique à Émile n'est pas une baguette magique. Elle vous met dans la bonne direction en vous aidant à reprendre le contrôle de votre imagination passive. Mais si affirmer, penser ou méditer est une chose, agir en est une autre.

Utiliser la « technique à Émile » à bon escient, c'est aussi mettre en pratique les idées qui vous viennent à l'esprit.

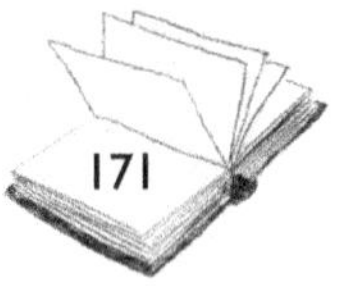

Exercice : je suis comme tout le monde

Si vous vous surprenez à penser des propos défaitistes, dites-vous immédiatement : « Tout est possible et faisable, à condition que ce soit raisonnable. Si quelqu'un de normal a pu le faire avant moi, il n'y a pas de raison pour que je n'arrive pas à le faire. »

Ensuite, et selon les cas, pensez et répétez une vingtaine de fois l'une ou l'autre de ces suggestions pour qu'elles deviennent des autosuggestions : « c'est facile », « c'est possible », « j'y arrive », « je sais comment m'y prendre », « je peux le faire », « je suis capable de le faire », « j'arrive à le faire », etc. Cela sera aussi efficace que ce que vous faisiez avec vos pensées défaitistes, mais dans l'autre sens !

La technique ne marche pas bien

Si vous n'obtenez pas de résultat ou si la même émotion ou le même problème revient tout de suite après, c'est le signe de la présence d'une pensée ou d'une idée transparente. Il s'agit d'une conviction qui est dans l'imagination passive, mais qui est tellement évidente que vous ne pensez pas à mettre en doute sa réalité.

Quand vous vous dites que vous n'y arriverez jamais, que la situation est impossible à changer, ou que vous êtes vraiment comme ci ou comme ça, ce sont des idées transparentes qui font que vous êtes persuadé de la réalité de ce que vous pensez. Aussi longtemps qu'une telle conviction transparente n'aura pas été vue pour ce qu'elle est, c'est-à-dire pour de l'imagination passive, elle continuera à vous gâcher la vie par sa présence.

Si vous avez l'impression de stagner, vous pouvez centrer la « technique à Émile » sur la découverte ou sur l'élimination de ce qui entrave votre démarche d'amélioration. Si le moteur de votre voiture fonctionne normalement mais que vous n'avancez pas, vous commencez bien par vérifier que le frein à main n'est pas resté serré !

La « technique à Émile » se suffit-elle à elle-même ?

En implantant un virus d'amélioration du type cheval de Troie dans l'imagination active, vous reprenez le contrôle de votre imagination passive, et vous n'avez besoin de rien d'autre… sauf si vous le pensez. Il est intéressant d'observer les améliorations qui surviennent dans votre vie, ne serait-ce que pour asseoir votre conviction que la technique fonctionne. Mais il arrive que les difficultés réapparaissent, alors pour éviter de replonger dans le piège de l'imagination passive, voyons ce qu'il est possible de faire.

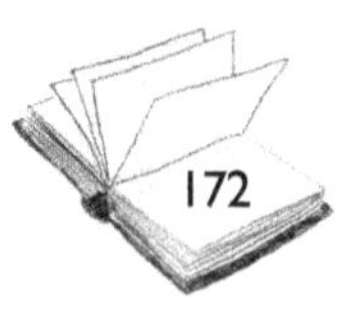

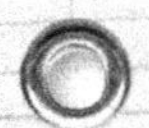

Que faire si les difficultés réapparaissent ?

Si vous vous apercevez que vous êtes tombé dans une ornière, voici quelques exemples de phrases de substitution à vous répéter :

– « même si je n'y arrive pas encore totalement, j'arrive de plus en plus à dominer ces angoisses qui s'en vont et disparaissent complètement » ;

– « même s'il m'arrive encore d'échouer, je maîtrise de mieux en mieux cette peur du vide qui s'éloigne et disparaît » ;

– « même s'il m'arrive encore de céder, j'arrive de plus en plus à résister à cette envie de fumer qui passe et se dissout ».

Toutes ces phrases de substitution sont construites sur le même modèle :

1°) Commencez par accepter l'actuelle difficulté tout en reconnaissant que, depuis que vous employez la technique à Émile, vous avez quand même progressé et que les choses se sont améliorées.

2°) Décrivez le problème sans vous l'approprier. Faites le constat en parlant de « ce » problème et non de « mon » problème.

3°) La réalité de vos émotions étant le fruit de votre imagination passive, terminez votre phrase en affirmant que vos difficultés s'estompent et disparaissent d'une manière ou d'une autre (au lieu de continuer à croire qu'elles ne s'en iront jamais ou qu'elles reviendront toujours).

4°) Dans tous les cas, matin et soir et à n'importe quel moment de la journée, continuez à repenser à cette petite phrase qui affirme que « chaque jour, à tous points de vue, je vais de mieux en mieux ».

Chapitre 13

Comment vivre ses émotions au quotidien

Le bonheur perpétuel n'existe pas, il n'y a que des petits moments de bonheur à déguster intensément. Mais il y a aussi les moments de souffrance que chacun aimerait pouvoir éviter ou rayer définitivement de sa vie. Malheureusement, cela est impossible. Les émotions agréables et les émotions désagréables sont les deux faces d'une même pièce qui s'appelle la vie. Il serait utopique de vouloir éliminer les unes tout en voulant conserver les autres. Vous n'avez pas le choix. Les émotions sont le sel de la vie.

Le 11 septembre 2001, quelque part dans une chambre d'hôtel, un homme allume machinalement la télévision et voit une tour en feu. Pensant qu'il s'agit d'un téléfilm, il baisse le son pour continuer de vaquer tranquillement à ses affaires. Un peu plus tard, il est intrigué par le fait de voir toujours les mêmes images qui se répètent en boucle. Alors il arrête de vider sa valise pour se rapprocher du téléviseur. Il monte le volume et, tout en se disant que ce n'est pas possible, il finit lentement par admettre que ce qu'il voit n'est pas une fiction, mais bien un événement réel. Complètement effaré, il s'assoit sur le bord du lit et regarde pour la énième fois les images qui, quelques minutes plus tôt, l'avaient laissé parfaitement indifférent.

Quelle que soit l'émotion qui vous perturbe, vous agace ou vous attriste, ce qui détermine vos réactions et vos émotions n'est pas dans ce que vous voyez, dans ce que l'on vous dit ou dans ce que l'on vous montre. L'origine de n'importe quelle émotion se trouve dans votre manière consciente ou inconsciente de penser et de réagir aux événements.

D'où viennent vos pensées ? Ont-elles une vie propre ? Êtes-vous condamné à les subir sans rien pouvoir faire ? Pouvez-vous les contrôler, les diriger ou les faire disparaître ? Avec ce nouveau chapitre, vous entrez dans la zone la plus fine et la plus subtile des émotions, puisqu'il s'agit de votre manière de penser et d'interpréter ce qui vous arrive.

Émotions et pensées

« Ce ne sont pas les événements qui troublent les hommes mais ce qu'ils en pensent », disait Épictète il y a près de deux mille ans. Autrement dit, tout ce que vous imaginez, pensez, supposez, désirez ou craignez n'est ni concret ni physique, mais fait partie du domaine de la pensée. Quelle que soit la nature de l'émotion qui vous agite, c'est encore et toujours de la pensée et de l'imagination. Pour mieux comprendre cet univers insaisissable des émotions et des pensées, nous allons le comparer à une ponte de grenouille. Cela peut sembler étrange, pourtant il y a beaucoup de similitudes entre les deux.

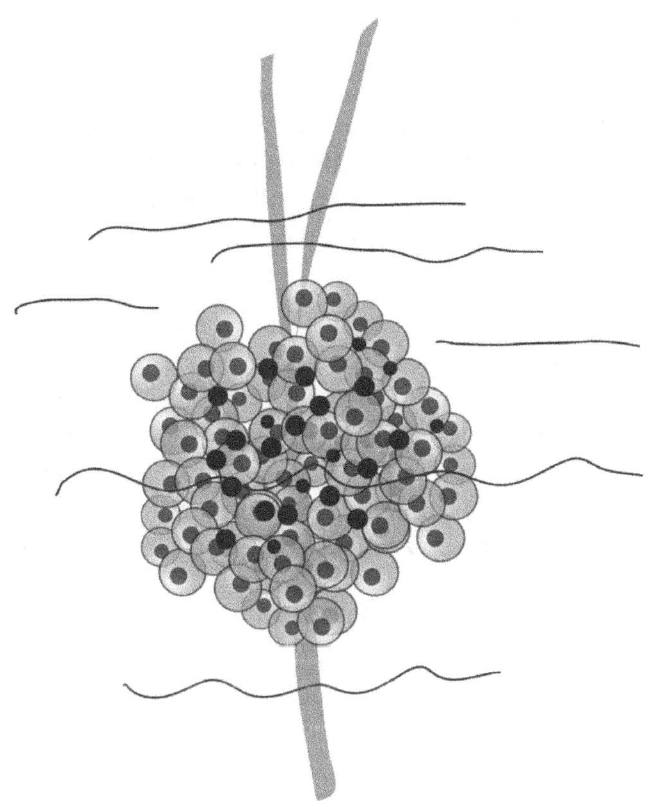

Ponte de grenouille

Une ponte de grenouille contient plusieurs centaines d'œufs. Chacun d'entre eux protège un têtard, qui plus tard donnera une nouvelle grenouille, qui a son tour pondra des œufs, qui eux-mêmes… L'ensemble ressemble à un cerveau, et chaque œuf peut se comparer à une pensée.

De la même manière que chaque être vivant est différent des autres, chaque pensée est unique et possède un thème précis : plaisir, peur, préoccupation, colère, etc. Une ponte de grenouille est remplie d'œufs, votre esprit est rempli de pensées qui accaparent plus ou moins votre attention. Si vous poursuivez la comparaison, vous verrez que chaque têtard vit à l'intérieur d'un œuf rempli d'une substance nourricière qui lui permet de se développer et de grandir, tout comme chaque pensée protège et nourrit l'émotion qu'elle contient.

Chaque pensée vit dans son monde à l'intérieur d'une enveloppe protectrice bien spéciale. Dès que vous entrez dans une émotion, vous franchissez cette enveloppe et perdez très vite votre bon sens. Vous croyez être votre propre maître capable de diriger votre pensée, alors qu'en réalité, c'est l'émotion qui vous attire dans son espace et qui vous dirige pour vous emmener un peu plus profondément dans son univers. Comment éviter cela ? C'est ce que nous allons voir maintenant en découvrant les différentes manières dont les émotions vous attirent et parfois vous piègent.

La durée des émotions

Les émotions n'ont pas la même durée selon que vous vivez quelque chose d'agréable ou de désagréable. Quand vous êtes amoureux (émotion ô combien désirable), chaque baiser est toujours le premier, chaque caresse une nouvelle expérience. Chaque plaisir est une sensation unique et nouvelle qui efface les anciennes et en appelle de nouvelles. En revanche, lorsque vous vous ennuyez, que vous êtes en colère, triste ou déprimé, le temps vous paraît très long, et les émotions semblent sans fin.

Si les émotions dites agréables s'éteignent rapidement, c'est uniquement parce que vous leur êtes totalement ouvert. Vous les absorbez et les videz avidement de leur contenu. En revanche, plus vous refusez une émotion ou une sensation, et plus vous lui permettez de durer. C'est uniquement parce que vous refusez de les vivre et de les ressentir que vos sensations (émotions) persistent, reviennent et vous collent au corps ou à l'esprit. Si le fait d'apprécier quelque chose le fait disparaître et si celui de ne pas l'aimer le fait continuer à exister, vous pourriez vous dire qu'il suffirait d'aimer ce que vous n'aimez pas pour le voir disparaître. Mais cela est-il possible, et surtout, comment faire ?

La force du jugement

Lorsque vous mangez ou buvez quelque chose de délicieux, le goût disparaît rapidement. Qu'il s'agisse de chocolats fins, de petits fours appétissants, de canapés odorants ou de champagne millésimé, à peine y avez-vous goûté que la sensation agréable disparaît, vous obligeant à en reprendre pour retrouver le plaisir de la dégustation. En revanche, lorsque vous mangez par hasard quelque chose d'avarié, de rance ou de pourri, ou simplement un aliment que vous n'aimez pas, vous allez en conserver longtemps le goût en bouche, même si vous l'avez immédiatement recraché.

Pourtant, rien n'est bon ni mauvais par nature. C'est uniquement votre jugement (conscient ou inconscient) qui rend les choses agréables ou désagréables. La persistance du goût (ou de la sensation) n'est pas liée à la nature de ce que vous mangez. La seule chose qui fasse la différence entre ce que vous appréciez et ce que vous n'aimez pas, c'est ce que vous en pensez. Comme l'écrivait le philosophe Spinoza au XVIIe siècle : « Ce n'est pas l'objet qui crée son désir, c'est le

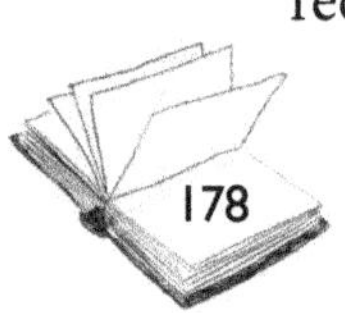

désir qui crée son objet. » Autrement dit, ce n'est pas cette nourriture ou cette personne qui est désirable par elle-même. C'est une certaine idée que vous avez à son sujet qui vous la fait trouver agréable ou détestable. Ainsi en est-il aussi des mariages et des divorces !

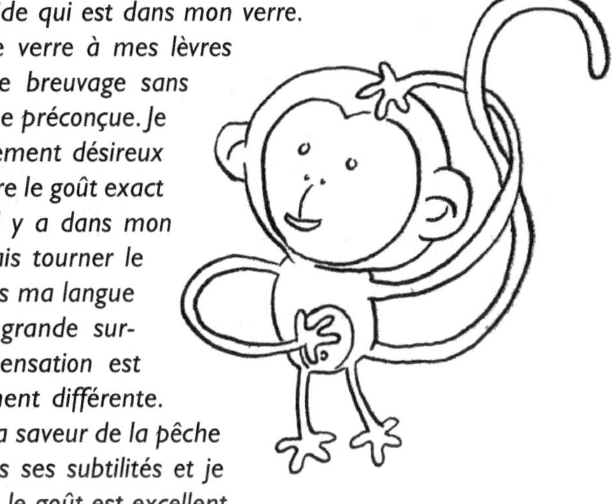

Un jour d'été, en rentrant de promenade, je découvre dans le hall de l'hôtel une carafe embuée de fraîcheur et remplie de ce que je prends pour du rosé. Je m'en verse un verre et m'apprête à le déguster. Mais à peine ai-je goûté la première gorgée que je repose le verre en disant d'un air dégoûté : « Ce rosé est infect. » Un serveur qui était à côté me dit alors : « Monsieur, ce n'est pas du rosé, mais du jus de pêche. » Toujours un peu en colère à cause de la mauvaise surprise que m'avait causée ce breuvage, je lui réponds aussitôt que son jus de fruit n'est pas bon. Devant le sourire légèrement ironique du serveur, je réalise la bêtise de mon jugement et décide de me rattraper en goûtant une nouvelle fois le liquide qui est dans mon verre. Je porte le verre à mes lèvres et goûte le breuvage sans aucune idée préconçue. Je suis simplement désireux de connaître le goût exact de ce qu'il y a dans mon verre. Je fais tourner le liquide sous ma langue et, à ma grande surprise, la sensation est complètement différente. J'identifie la saveur de la pêche avec toutes ses subtilités et je trouve que le goût est excellent.

Cet exemple est caractéristique de ce que vous faites continuellement et à tout propos. D'un côté, vous émettez des jugements sur les choses (« je pense que c'est du rosé »). D'un autre, vous évaluez la réalité en prenant appui sur les émotions ou sur les sensations qui résultent de ce jugement (« c'est du rosé, mais ce rosé est infect »). Faut-il s'étonner alors que la vie paraisse parfois tellement compliquée ?

Tout est question de point de vue. Si vous observez un petit homme hurler et trépigner dans son bureau, vous pouvez trouver cela très drôle s'il s'agit d'un film comique. Si ce petit homme est votre chef, et qu'il est en train de vous injurier, vous pouvez aussi trouver cela ridicule et comique, mais il y a quand même de fortes chances pour que vous vous sentiez très mal à l'aise, et que vous éprouviez de la honte, de la colère ou du mépris. Les émotions ne sont pas dépendantes de ce qui se passe concrètement autour de vous. Elles sont le produit et le résultat de votre imagination qui juge, interprète, et désire ou refuse ce qui se passe.

En réalisant que ce n'est pas l'objet qui contient un désir, mais le désir qui cherche un support pour concrétiser son existence, vous comprenez immédiatement qu'il en est de même pour n'importe quelle émotion. Ce n'est pas cette personne, cette chose ou cet animal qui est effrayant, c'est votre peur qui le rend ainsi. Ce n'est pas cette situation qui vous déprime ou qui vous met en colère, c'est une certaine émotion qui vous la fait voir de cette manière. Cette compréhension est importante pour bien vivre ses émotions au quotidien, car si la cause du désir ou d'une émotion est en vous et non à l'extérieur de vous, cela signifie que la solution est également en vous ! Si vous comprenez clairement que vos émotions ne dépendent pas de l'extérieur, mais sont exclusivement le fruit de vos jugements et de votre imagination, elles deviennent maîtrisables. La solution est à votre portée et le « bien-vivre » aussi.

Ressentir pour ne plus souffrir

Ressentir une émotion, c'est l'observer sans jugement et répondre silencieusement à la question : « Qu'est-ce qui me fait dire que je suis ou que j'ai… ? » Pour ressentir et faire disparaître une émotion, restez dans l'observation attentive des manifestations physiques liées à ce qui vous arrive. Par exemple, si vous pensez « je suis découragé », observez et explorez précisément les sensations physiques qui vous font dire cela : sensation de lourdeur sur les épaules, boule dans l'estomac, etc. Mais attention, la description n'est pas la sensation. Si vous pensez « j'ai envie de pleurer », cela ne veut rien dire d'autre que « j'ai envie de pleurer ». Il ne s'agit pas de repousser la sensation en disant que vous savez ce qu'elle représente, ni de décrire ou de mettre des mots sur ce que vous ressentez ou de partir à la recherche de l'origine de votre chagrin. Ressentir « j'ai envie de pleurer », c'est observer attentivement, sans aucun discours intérieur, comment vous vous sentez physiquement ici et maintenant quand vous avez envie de pleurer. Ressentir, c'est donc partir à la découverte de ce qui se passe physiquement en vous.

Exercice : être attentif à ce qui se passe en soi

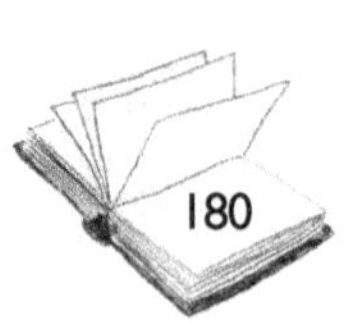

Pour bien comprendre ce que signifie « être attentif à ce qui se passe en soi », mettez un peu de sucre sur votre langue et observez simplement ce qui se passe dans votre bouche.

Quel est l'endroit de votre langue qui ressent le plus les sensations ? Y a-t-il d'autres endroits qui réagissent ? Jusqu'où cette sensation s'étend-elle ? Comment évolue-t-elle dans le temps ? Combien de temps durent ces impressions ?

Prélassez-vous dans ces sensations, explorez-les. Il ne s'agit pas de décrire ce qui se passe avec des mots, mais d'être attentif à ce qui se passe dans votre corps ici et maintenant jusqu'à ce qu'il n'y ait plus rien de spécial à ressentir.

Ensuite, faites le même exercice, mais avec un peu de sel. Quelles sensations avez-vous avec du sel sur la langue ? En quoi ce ressenti est-il différent de celui du sucre dans votre bouche et sur votre langue ?

Prenez le temps de ressentir toutes ces sensations jusqu'à ce qu'elles disparaissent.

Une fois que vous avez suffisamment exploré un ensemble de sensations, l'émotion ou la pensée qui en était à l'origine disparaît. Lorsque vous savez de quoi il s'agit, cela ne vous intéresse plus, vous êtes libre de passer à autre chose. Dans les exemples précédents, cela ne signifie pas que vous ne ressentez plus de fatigue, de découragement ou de tristesse, mais que ce que vous ressentez maintenant est complètement différent de ce que vous ressentiez au début. Il n'y a plus de jugement émotionnel par-dessus les sensations physiques que vous éprouvez maintenant sans résistance. Les sensations et la pénibilité de la situation ont disparu. Il ne reste éventuellement que des choses à faire pour résoudre la difficulté.

Ce geste mental de détachement permet de sortir du piège de la pensée et de voir pleinement cette émotion pour ce qu'elle est. La seule condition pour bien ressentir est d'avoir un esprit silencieux. C'est ce que vous faites à chaque fois que vous dégustez quelque chose que vous aimez.

Faire taire le bavardage mental

De la même manière que vous fermez les yeux pour mieux ressentir un baiser, vous devez apprendre à rendre votre esprit silencieux pour bien ressentir une émotion. Afin de museler cet intarissable bavard qui correspond à l'hémisphère gauche de votre cerveau, prenez simplement la décision de ne plus discuter avec lui. Sa fonction première est de créer des pensées, mais vous n'êtes pas obligé de toujours les écouter. Si vous voulez vraiment ressentir une émotion dans le but de la dissoudre, ne tenez pas compte des avertissements, des remarques ou des commentaires qu'il ne va pas manquer de vous envoyer. Décidez purement et simplement de tourner le bouton du poste et d'être totalement hermétique aux arguments qu'il utilise pour attirer votre attention. Vous savez le faire lorsque quelqu'un vous importune ou lorsqu'une émission ou un film ne vous intéresse plus. Ce n'est pas plus compliqué à faire avec votre hémisphère gauche qu'avec la télécommande d'un téléviseur. Après tout, même si cette partie de votre cerveau est un outil très pratique pour penser et pour communiquer, ce n'est quand même qu'un outil !

Ne tombez pas dans le piège !

Vous vous demandez comment faire taire vos pensées ? C'est un faux problème. C'est uniquement une astuce de l'émotion qui se sert de l'hémisphère gauche pour continuer à exister et pour empêcher l'hémisphère droit de ressentir librement. Aussi longtemps que vous vous interrogez pour savoir comment faire, pour savoir si vous vous y prenez bien ou si vous ne vous trompez pas en utilisant une technique ou une autre, l'émotion est certaine de pouvoir continuer à exister, car vous discutez avec elle, et elle vous emmène où elle veut.

Lorsque vous ressentez librement ce qui se passe en vous, vous ne pensez pas, vous ne discutez pas, vous ne commentez pas. Vous ouvrez la porte que l'hémisphère gauche maintenait fermée grâce à ses réflexions et ses jugements, et laissez entrer vos sensations. En restant attentif suffisamment longtemps aux sensations physiques qui sont en rapport avec l'émotion, vous videz progressivement le réservoir à sensations. Lorsque celui-ci est vide, lorsqu'il n'y a plus rien à ressentir, vous le savez : vous vous sentez bien et l'émotion a disparu. Mais attention, vous pouvez encore la recréer !

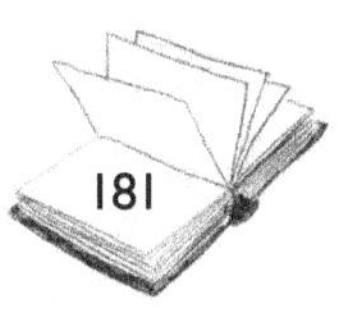

◯ Avertissement

Quand vous avez réussi à faire disparaître une émotion désagréable en la ressentant totalement, n'oubliez pas que l'hémisphère gauche est une formidable photocopieuse qui peut reproduire ce que vous venez de faire disparaître. Continuez à garder le contrôle en vous interdisant de chercher à vous rappeler ou à dupliquer ce qui vient d'être éliminé. L'imagination est sans limites. Ne cherchez pas à vérifier si votre émotion désagréable est encore là. Ne tentez pas non plus de vous rappeler comment c'était avant. Appréciez le calme, le silence, le vide, puis passez à autre chose. Quand le réservoir est vide, il est préférable de ne pas le remplir à nouveau avec les mêmes mauvaises choses !

Comment accepter et ressentir ce que vous n'aimez pas ?

Si vous souhaitez vous dégager d'une émotion désagréable, il est indispensable de savoir évacuer les jugements et les opinions que vous pouvez avoir à son sujet. Il ne s'agit pas de changer ou d'inverser vos jugements, ni de faire semblant d'aimer ce que vous n'aimez pas. Il ne s'agit pas non plus de sublimer vos souffrances (« c'est agréable à Dieu », « admirez comme je suis stoïque… »), de leur trouver une utilité (« je gagne mon paradis », « j'efface mes péchés »…), une raison d'être (« c'est mon karma », « je paie mes erreurs passées », « on n'a rien sans rien »…) ou encore d'être masochiste (« j'aime ça », « je suis fait pour souffrir »…). Alors, comment faire ?

Si vous souhaitez vous dégager d'une émotion désagréable, commencez par abandonner ces idées qui vous disent combien tout cela est désagréable. Ensuite seulement, vous pourrez vous occuper des sensations purement physiques qui vous habitent à ce moment-là. Lorsque le jugement est évacué, vous pourrez vivre et ressentir les sensations pour ce qu'elles sont avant de les voir s'éloigner.

Si vous arrivez à être ouvert aux sensations physiques en provenance de n'importe quelle émotion dite désagréable, celles-ci vont obligatoirement disparaître exactement de la même manière que si vous les aviez jugées désirables ou agréables. Si l'opposition ou le refus continue à faire vivre une émotion, son acceptation la fait disparaître. Il n'est pas facile d'abandonner les jugements, les justifications ou les idées qui maintiennent une émotion en place. L'hémisphère gauche de votre cerveau est un grand bavard, qui ne peut s'empêcher de donner son opinion. Il tient à son statut d'intellectuel. Ce verbiage incessant empêche l'hémisphère droit de ressentir

et d'apprécier les couleurs, les sensations, ainsi que tout ce qui n'est pas du domaine de la parole. Dès que l'hémisphère gauche fait silence, l'hémisphère droit peut alors ressentir librement ce qui se passe.

○ « Tu veux ou tu veux pas ? »

Aussi longtemps que vous considérerez votre chagrin, votre colère, votre anxiété ou vos peurs comme quelque chose de trop difficile à vivre, que vous ne pouvez pas supporter, il vous sera impossible de vous ouvrir aux sensations que contiennent ces émotions, et elles ne pourront que continuer à vous faire souffrir.

Les enfants qui refusent de manger en prétextant qu'ils n'aiment pas un plat se comportent exactement de cette manière. Généralement, on leur dit : « Mais goûte donc, avant de dire que tu n'aimes pas ! » Si d'aventure on réussit à leur faire entrer une parcelle de cet aliment dans la bouche, ils vont immédiatement la recracher en continuant à dire : « Ce n'est pas bon, je n'aime pas ! » Ils restent fixés sur leur jugement et refusent catégoriquement d'en changer.

Lorsque vous êtes confronté à des émotions désagréables qui persistent ou qui reviennent régulièrement, vous vous comportez comme ces enfants. Après avoir jugé et décidé que ce n'était pas bon et que vous n'en vouliez pas, vous continuez à refuser de goûter aux sensations que ces émotions contiennent. C'est à cause de votre refus de les ressentir que les émotions et les sensations ne peuvent disparaître. Votre jugement les bloque dans le réservoir à sensations de votre corps et les empêche de s'écouler librement.

Les pièges, leurres et traquenards des émotions

Lorsque vous êtes victime d'une émotion désagréable, vous êtes comme une mouche prise dans une toile d'araignée. Plus vous faites d'efforts pour vous échapper et plus vous vous emmêlez dans la toile gluante qui tente de vous retenir. Rappelez-vous que les émotions se nourrissent de votre attention. Il est donc vital pour elles de savoir retenir votre intérêt le plus longtemps possible. Ce n'est qu'après avoir compris comment les émotions vous attirent et vous retiennent dans leurs filets que vous serez en mesure de déjouer leurs pièges ou de vous en dégager plus facilement.

L'émotion raconte une histoire sans fin

L'émotion a la particularité de vous faire oublier que tout a une fin. Lorsque vous n'êtes pas dans une émotion désagréable, il n'est pas difficile d'imaginer que tout doit nécessairement se terminer à un moment ou à un autre. Sur cette terre, rien n'est éternel. En revanche, il est beaucoup plus difficile de penser à la fin de quelque chose lorsqu'une certitude intérieure vous hurle le contraire.

Lorsque vous êtes victime d'une émotion désagréable, observez que vous n'imaginez jamais que ce qui vous accable puisse s'arrêter et faire silence. Cette simple idée ne vous effleure même pas l'esprit. Vous vous répétez et vous rejouez sans fin les mêmes choses qui vous font souffrir. C'est un véritable cinéma permanent.

Les personnes suicidaires qui passent à l'acte sont des victimes typiques de ce genre de piège. Elles n'imaginent pas que ce qui les fait souffrir puisse un jour se terminer. Oubliant ce principe élémentaire, la mort leur paraît alors le seul moyen de mettre un terme à leur calvaire.

Pour sortir du piège d'une émotion, la première chose à se rappeler est que les émotions ne sont pas éternelles. Tout ce qui a un début a obligatoirement une fin.

Exercice : prendre conscience que les émotions ont une fin

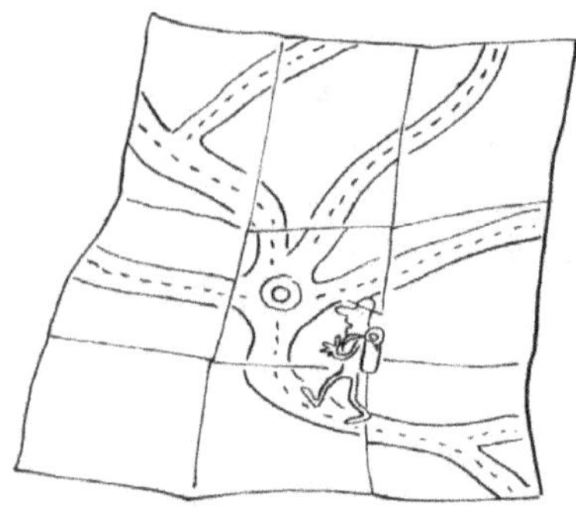

Pour reprendre consciemment le contrôle de la situation, commencez par imaginer que cette émotion qui vous fait tellement souffrir va obligatoirement s'arrêter à un moment ou à un autre. Même si les sensations émotionnelles sont très désagréables et même si vous le faites en gémissant, en pleurant ou en tremblant, dites-vous qu'elles vont inévitablement finir par s'arrêter. Il ne peut pas en être autrement. Tout ce qui a un début a obligatoirement une fin.

Observez également que vous avez déjà vécu ce genre de situations et prenez bien conscience qu'elles ont toujours fini par s'arrêter. Aucune souffrance n'est éternelle. Grâce à cet éclair de lucidité, vous commencerez à entrouvrir la porte qui vous retenait prisonnier.

Ensuite, restez dans cet état d'esprit et entretenez votre courage en vous rappelant que le changement et l'amélioration sont obligatoirement au bout du chemin (voir chapitre 12, « La technique à Émile »).

L'émotion sélectionne les idées qui lui conviennent et bloque les autres

Tout comme le têtard qui vit à l'intérieur d'un petit œuf protecteur et nourricier, l'émotion ou l'idée qui en est à l'origine vit à l'intérieur d'une bulle transparente. Cette enveloppe est un filtre

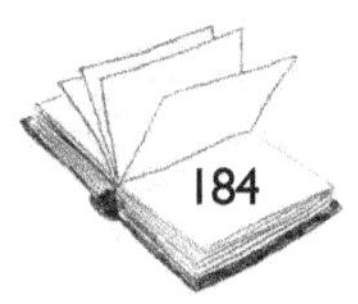

à double sens. Elle laisse passer les idées qui vont dans son sens et qui l'aident à grandir, mais bloque tout ce qui pourrait l'affaiblir ou la faire disparaître.

Quand vous êtes en colère, vous ne pensez qu'à ce qui vous énerve et vous vous rejouez sans cesse le conflit qui vous agite.

Si vous êtes triste, vous ne pensez qu'à ce que vous avez perdu. Aussi longtemps que vous restez dans une émotion, vous ne pouvez pas penser à autre chose que ce qu'elle vous dicte. Celui qui est dans une émotion de jalousie sera attentif à tout ce qui va nourrir cette jalousie, mais n'écoutera absolument pas ce qui pourrait le calmer ou le rassurer.

Au cœur même de la souffrance, il n'est pas facile de se rappeler l'existence de ce filtre. Mais si vous parvenez à y songer au bon moment, la bulle éclate, le piège est cassé, et vous pouvez commencer à reprendre le contrôle de la situation à l'aide de l'un des outils présentés dans cet ouvrage.

L'émotion réduit votre capacité de pensée

Au fur et à mesure qu'une émotion gagne du terrain et prend possession de votre esprit, votre univers de pensée se restreint. Plus vous écoutez votre émotion, plus vous êtes attiré par ce qu'elle vous fait croire. Or plus vous croyez à ce que vous dit votre émotion, plus vous souffrez. Vous êtes comme les marins de l'Antiquité grecque qui, en entendant le chant des sirènes, oubliaient les dangers et se fracassaient sur les récifs où elles habitaient.

Une bonne solution consiste à mettre en doute ce que vous dit cette émotion. Ce n'est pas le plus facile à faire, car l'émotion est persuasive. Il faut de la persévérance et de la constance pour continuer à douter des pensées que vous souffle l'émotion et pour ne pas retomber dans son piège. Mais le simple fait de connaître l'existence de ce piège est déjà par lui-même efficace et salutaire.

Exercice : mettre en doute une émotion

Pour insinuer le doute dans votre cerveau à propos d'une émotion, profitez d'un moment de calme intérieur pour vous poser les questions suivantes :

– « Pourquoi suis-je persuadé que... » ;

– « Pourquoi est-ce que je crois que cela est vrai ? » ;

– « Pourquoi ce qui m'arrive n'évoluerait pas dans une autre direction ? » ;

– « Qu'est-ce qui m'empêche de... ? » ;

– etc.

L'émotion se conjugue toujours au présent

Quand vous êtes dans une émotion, vous êtes dans l'instant. Même si vous vous rejouez le même film émotionnel pour la millionième fois, les sensations et la souffrance sont toujours aussi fortes et présentes qu'à la première. En d'autres circonstances, vous vous lasseriez vite de revoir toujours le même film ou de relire constamment le même livre. Mais en matière d'émotion, vous êtes inlassable et insatiable. À peine avez-vous terminé de vous passer un film mental que vous le relancez.

Plus l'émotion est forte, et plus cette boucle est prégnante. Lorsque vous êtes bloqué dans une émotion, vous êtes enfermé dans une boucle de temps qui vous fait tourner en rond à l'infini. Ce moment d'éternel présent imprime de plus en plus profondément sa marque délétère dans votre esprit désemparé. Mais n'oubliez pas que cela ne peut exister que parce que vous n'arrêtez pas de penser et de recréer sans cesse cette émotion. Si vous ne la réinventiez pas sans cesse, elle n'aurait plus d'existence et disparaîtrait aussitôt.

Exercice : sortir du piège temporel

Pour sortir de ce piège temporel, vous pouvez simplement décider de dire non à votre émotion. Refusez de continuer à marcher dans la direction où elle vous mène. Quand vous savez que vous êtes sur un terrain miné, vous pouvez tout à fait refuser de faire un pas de plus. Ce n'est pas une histoire de volonté, mais de décision à prendre : « C'est moi qui suis vivant, c'est moi qui décide, et je décide de dire NON, stop, assez, ça suffit ! » Ce n'est pas du tout compliqué à faire, sauf si vous pensez le contraire ou si vous continuez à écouter cette émotion qui vous dit de persévérer dans la même (mauvaise) direction.

L'émotion n'a aucune légitimité et ne peut rien vous imposer si vous le lui refusez avec suffisamment de conviction. Tout ce qu'elle peut faire est de vous inciter à continuer de discuter avec elle, car à ce petit jeu-là, elle sera toujours la plus forte. En comprenant que l'émotion n'existe que par l'attention que vous lui portez, vous sortez du jeu détestable dans lequel vous jouiez le rôle du prisonnier. Vous êtes alors sur la voie de l'amélioration, et l'émotion se dissoudra d'autant plus vite que vous arrêterez de l'alimenter.

L'émotion est hors du temps

Quand vous regardez un film captivant, vous oubliez rapidement ce qui vous entoure pour entrer dans la réalité virtuelle des images que vous voyez sur l'écran. L'histoire et ses héros deviennent alors votre réalité. Vous vivez ce qu'ils vivent, vous ressentez ce qu'ils semblent ressentir. Vous êtes hors du temps ; vous vivez dans un monde parallèle qui vous fait oublier que vous êtes en train de regarder un film. Mais qu'un détail vous interpelle, qu'un bruit extérieur

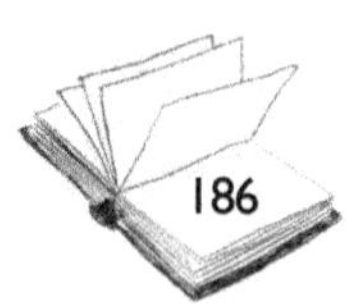

vous dérange, et immédiatement le film redevient seulement un film. À ce moment précis, vous sortez du jeu, vous n'êtes plus ni l'histoire ni chacun de ses personnages. Vous êtes assis sur un siège devant un écran sur lequel des images défilent ; le film ne vous captive plus.

Quelle que soit l'émotion ressentie, dès que vous prenez conscience que vous êtes en train de regarder un film mental, vous sortez instantanément de ce qui vous tenait captif et vous retrouvez votre liberté de penser.

L'émotion s'auto-entretient

Quand vous vous sentez mal, vous avez envie d'évacuer cette sensation. Mais en même temps, vous vous dites que si vous vous sentez mal, c'est parce que quelque chose vous menace. Le problème est que plus vous réfléchissez à cette menace, plus vous vous sentez mal. Mais plus vous vous sentez mal, plus vous pensez qu'il y a urgence à découvrir ce danger. Plus l'urgence augmente, et plus votre malaise s'aggrave. Plus vous cherchez une solution, plus cela renforce et confirme la réalité, la pertinence, ainsi que la lourdeur de votre souffrance.

Inutile de dire que ce cercle vicieux vous fait aller de plus en plus mal. Or il suffit d'en prendre conscience et de refuser d'aller dans cette direction pour commencer à se dégager de ce piège et entrer dans un cercle gracieux d'amélioration. Ne discutez pas avec ce qui vous vient à l'esprit.

Je pense donc je me tais

Quand une émotion se présente, il vaut mieux ne pas vous en affliger ou chercher à faire quelque chose pour l'éloigner, pour la contrôler ou pour la maîtriser. La seule chose à faire est de continuer à accepter la réalité, y compris la présence de cette émotion ou de cette pensée dans votre esprit. Soyez conscient de sa présence, et surtout n'engagez pas le dialogue avec elle ! Restez silencieux, en songeant que c'est une pensée comme beaucoup d'autres, puis laissez-la passer, s'évaporer, disparaître, tout en maintenant votre attention sur ce qui continue de se passer en ce moment en vous et autour de vous. C'est ce que Krishnamurti appelle la méditation, et il en parle magnifiquement dans tous ses livres.

Une télévision de deux mille cinq cents ans

Il y a environ deux mille cinq cents ans, et avec les moyens dont il disposait à l'époque, le philosophe Platon présentait la différence qui existe entre l'apparence des choses et l'interprétation que nous pouvons en faire (*in La République*, VII, 514a et suivants). En plaçant ses propos dans la bouche de Socrate – dont il fut en quelque sorte le porte-parole –, Platon demande d'imaginer notre monde matériel comme une caverne dans laquelle les êtres humains sont enchaînés depuis leur naissance. Ces hommes sont attachés de telle sorte qu'ils ne peuvent pas bouger et ne peuvent pas voir autre chose que le fond de la grotte sur lequel bougent des ombres. Peut-être se doutent-ils qu'il y a quelque chose d'autre derrière eux, mais comme ils sont solidement entravés, ils ne peuvent pas tourner la tête pour vérifier. Pour ces hommes, la véritable réalité ne peut donc pas être autre chose que les ombres qu'ils voient bouger devant eux, ainsi que les sons qu'ils entendent et qui semblent, à cause de l'écho, provenir du même endroit.

De manière plus moderne, c'est comme si nous croyions connaître le monde uniquement en regardant la télévision et en ne pouvant faire aucune autre expérience comme goûter, toucher, sentir ou expérimenter directement les choses.

Platon explique ensuite qu'un philosophe arrive à s'échapper de la caverne et découvre graduellement la vraie nature de ce qu'il n'avait jusqu'alors contemplé que sous la forme de reflets sur le fond de la caverne. Cette découverte est progressive, car il faut du temps pour que des yeux qui ont toujours été dans le noir s'habituent à la lumière.

Quand ce philosophe aventurier découvre ce qui est à l'origine des ombres, il est émerveillé et veut redescendre expliquer sa découverte aux autres prisonniers restés dans la grotte. Il veut

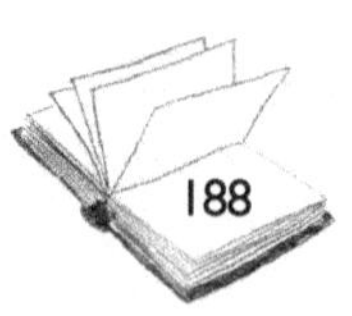

leur dire qu'ils se trompent et que la réalité n'est pas dans les ombres qu'ils voient devant eux, mais ailleurs : la réalité est quelque chose de bien plus beau et de bien plus vivant que ce qu'ils connaissent. Il leur explique que c'est grâce à un subtil jeu de lumière que la réalité se transforme en ombres chinoises qui sont prises ensuite pour la réalité. Mais à chaque fois qu'il tente de leur parler de ses découvertes, il est fort mal reçu par ces hommes qui ne peuvent pas imaginer une réalité différente de celle qu'ils ont toujours connue.

Cette allégorie de la caverne est toujours d'actualité, car en croyant que vos émotions sont la réalité du monde alors qu'elles n'en sont que le reflet, vous vous comportez comme les prisonniers de la caverne de Platon qui continuent de souffrir en refusant de lâcher ce qu'ils ont toujours pensé.

Vous vivez constamment à cheval entre deux mondes : le monde physique dans lequel vous baignez et qui vous impose ses lois, et un autre univers, celui de votre monde intérieur. Ce monde intérieur, c'est votre grotte personnelle dans laquelle vous observez et ressentez les reflets du monde physique qui vous entoure. C'est à l'intérieur de cette grotte que vous pensez, que vous jugez, désirez, refusez ou souffrez. Ce lieu impalpable, et pourtant bien réel, est rempli de toutes vos expériences, de tous vos souvenirs, de tous vos rêves, ainsi que de tous vos jugements, conclusions et décisions. Il n'y a pas deux histoires identiques, et tout ce que vous enregistrez dans votre monde intérieur depuis votre naissance fait de vous un être unique et particulier.

Le problème est que vous ne savez pas bien faire la différence entre votre monde intérieur et le monde extérieur. Lorsque quelque chose vous gêne ou vous dérange, vous avez tendance à en accuser immédiatement les autres, c'est-à-dire le monde extérieur qui vous entoure. Ce n'est jamais, ou très rarement, votre faute. Au lieu d'écouter le message de vos émotions, qui vous invitent à voir ce qui doit être amélioré en vous, vous cherchez des responsables et des coupables dans le monde extérieur.

Les reproches que vous faites aux autres sont des indices pour découvrir ce que vous ignorez à propos de vous-même. En sachant les exploiter, vous parviendrez à dévoiler ce que vous ne voulez pas ou ne pouvez pas voir en vous. Cette manière de faire est une source extraordinaire de progrès et d'amélioration personnelle.

Exercice : en quoi est-ce que je lui ressemble ?

Faites la liste des personnes que vous aimez le moins et cherchez en quoi, de près ou de loin, vous pouvez bien leur ressembler.

Personne : ....*Ressemblances :* ....

....

....

Personne : ....*Ressemblances :* ....

....

....

Personne : ....*Ressemblances :* ....

....

....

Au début, cet exercice est difficile, car il y a énormément de résistance à imaginer qu'on puisse ressembler à ceux qu'on déteste. Mais dès que vous aurez compris qu'il s'agissait de découvrir un point de ressemblance (même très minime) avec l'un de leurs comportements ou leur attitude, vous y prendrez beaucoup de plaisir. C'est un excellent moyen de mieux vous connaître et de vous améliorer, en démasquant ce que vous ne voyez pas en vous-même et qui agace tellement les autres ou qui vous cause tant de problèmes.

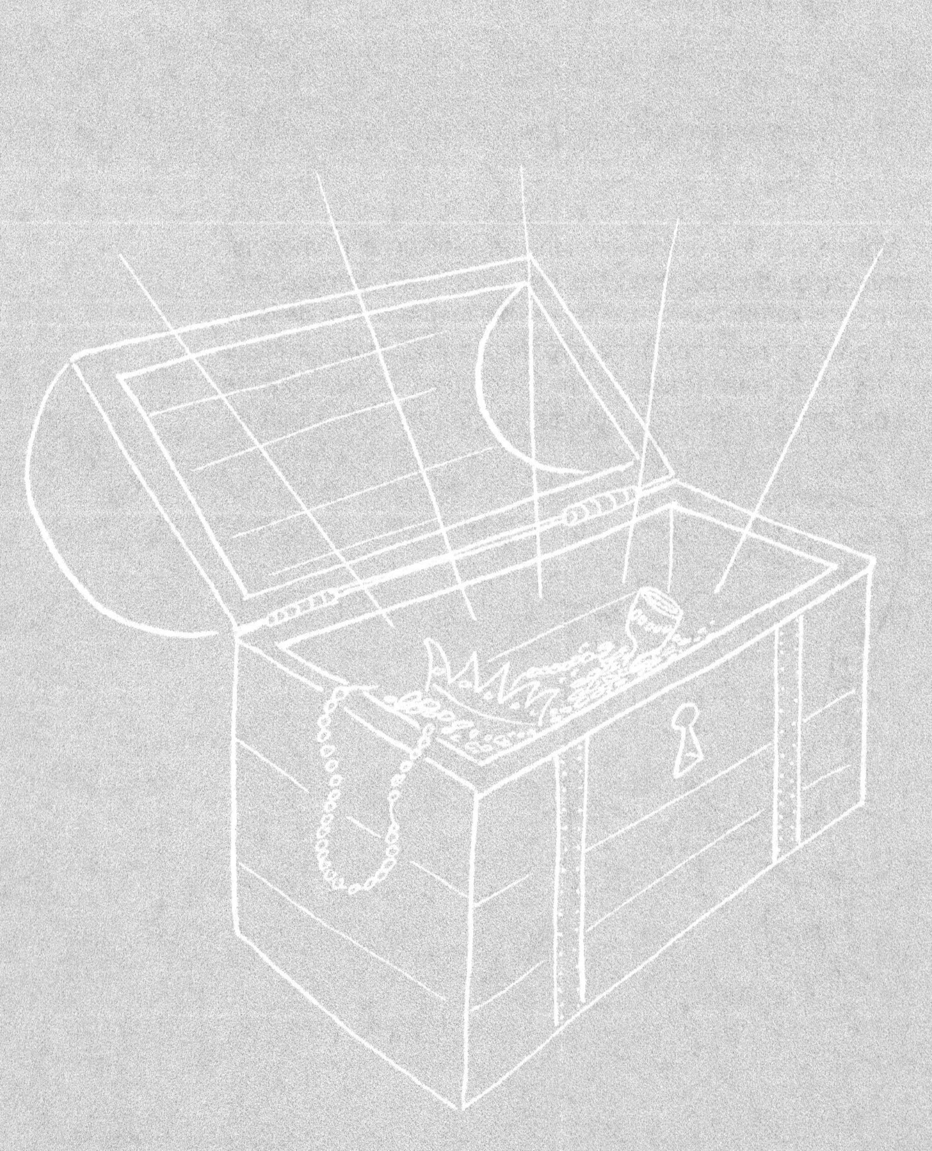

Conclusion :
maître du monde ou maître de son monde ?

Le bonheur véritable ne s'atteint pas en contrôlant les choses et les personnes autour de soi. Les grands chefs d'État, les P.-D.G. de multinationales, les stars de la musique ou les vedettes de cinéma ne sont pas plus heureux que nous. Ils en donnent l'illusion à travers les reportages que l'on fait sur eux ou ce qu'on peut en lire dans la presse people. Mais au fond, ils vivent les mêmes désarrois et les mêmes souffrances que n'importe quel homme. Beaucoup de personnes pensent que si elles étaient les « maîtres du monde », les choses iraient beaucoup mieux : « si j'étais riche », « si j'avais telle voiture, telle maison, telle situation », « si j'étais marié », « si j'avais des enfants »… Malheureusement, elles se trompent de cible. Le bonheur ne se trouve pas dans davantage de possession ou dans plus de pouvoir sur le monde extérieur, mais dans une meilleure maîtrise de son monde intérieur.

Refuser la réalité

À chaque fois que vous vous dites : « non, ce n'est pas vrai », « ce n'est pas possible », « on ne devrait pas voir des choses pareilles », « c'est trop injuste », « si seulement je n'avais pas… », « ah, si j'avais… », « si les choses étaient autrement », etc., vous êtes dans le refus de ce qui est. Vous refusez de voir la réalité à partir de laquelle vous pourriez faire quelque chose. Cela revient à vouloir construire une maison sans tenir compte de la nature du sol. Or on ne bâtit rien de solide sur du sable.

Vous pouvez être en désaccord avec certaines réalités. Par exemple, il est inadmissible qu'au XXIe siècle, des genres meurent encore de faim ou dans des guerres interminables. Mais refuser ou nier la réalité (ou en rêver une autre) ne changera rien à la situation présente, si cela n'est pas suivi d'une action concrète.

Ce refus de la réalité (y compris ce qui se passe en vous) est la matière première de la souffrance. Pleurer une perte, rêver d'une revanche ou ressasser ses angoisses ne sert à rien d'autre qu'à souffrir davantage. La souffrance est liée à ce décalage. Plus il y a de différences entre ce qui se passe ici et maintenant et votre désir ou votre refus de le voir autrement, plus votre souffrance sera importante.

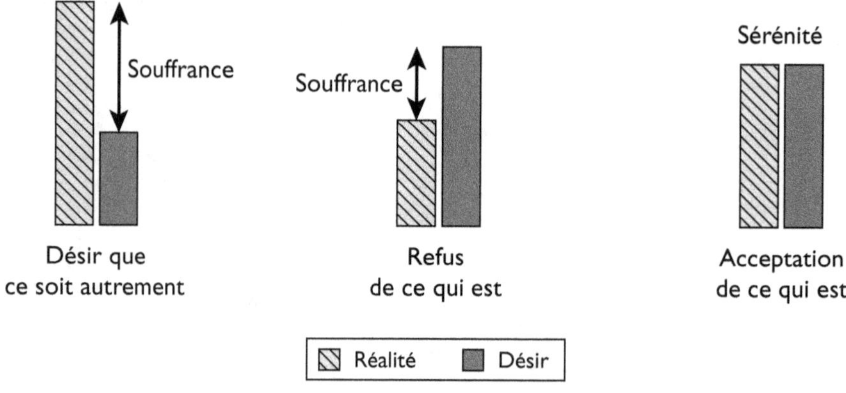

Conséquences du décalage entre désir et réalité

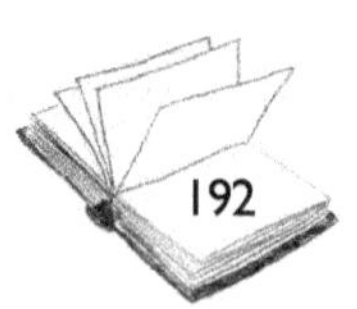

Plus il y a de différence entre la réalité extérieure et ce que vous en pensez, plus la souffrance est importante. En revanche, la sérénité est manifeste dès que vous êtes capable de sortir de votre monde intérieur pour voir le monde extérieur tel qu'il est au lieu de vous focaliser sur les pensées projetées sur les murs de votre caverne mentale.

Accepter la réalité

Accepter la réalité ne signifie pas se résigner ou subir ce qui se passe. Il ne s'agit pas d'une attitude passive. C'est être capable de ne pas porter de jugement et de ressentir ce qui se passe en voyant la réalité telle qu'elle est et non telle que l'on aimerait qu'elle soit. C'est ce qu'on appelle aussi vivre pleinement l'instant présent.

Accepter la réalité ne change pas l'avenir, mais évite de la souffrance émotionnelle : quand il n'y a absolument pas de différence entre ce qui est et ce que vous percevez, il n'y a absolument plus de place pour la souffrance. L'émotion que vous pouvez ressentir pour quelque chose n'a jamais changé ou modifié le cours des événements. L'inquiétude ne sert absolument à rien et n'empêchera jamais la venue de ce qui doit se produire. 98 % de ce que vous craignez ne se produit d'ailleurs jamais. Comme le dit la sagesse populaire, la peur n'éloigne pas le danger… mais on peut ajouter avec certitude qu'elle produit de la souffrance.

Accepter la réalité ne signifie pas non plus une absence totale d'émotion. Voir ce qui est, c'est avoir la capacité de partager et de ressentir pleinement ce qui se passe ici et maintenant, mais sans rester « englué » dans l'émotion. Quand vous acceptez ce qui est, vous évoluez en rythme avec ce qui se passe (c'est ce qu'on appelle aussi la compassion). De manière tout à fait authentique, vous pouvez très bien partager la joie ou le chagrin de la personne avec laquelle vous vous trouvez. Mais dès l'instant où vous n'êtes plus avec cette personne, l'environnement change, et il n'y a plus aucune raison pour que vous continuiez à rester dans l'émotion passée si rien ne le justifie. La vie est une succession d'émotions, comme la musique est une succession de notes qui s'éteignent chacune à leur tour pour laisser place à la suivante. Vue de cette manière, la vie peut être une symphonie.

Accepter la réalité, c'est vivre pleinement l'instant présent avec toutes les émotions qu'il contient, mais sans en ajouter de nouvelles issues de votre propre imagination.

Accepter la réalité, c'est ressentir ce qui se passe sans commentaires ni discours intérieur.

Accepter la réalité sera à jamais inaccessible à ceux dont l'« egobésité » est telle qu'ils sont incapables de la moindre souplesse pour prendre du recul sur eux-mêmes, pour douter, ou pour se remettre en question. Ceux qui sont persuadés de détenir la vérité, ceux qui ont la solution à tous les problèmes, ceux qui savent ce qu'il faut faire, croire ou penser ne pourront jamais y parvenir. Comme l'écrivait André Gide dans son *Journal*, « Croyez ceux qui cherchent la vérité, doutez de ceux qui la trouvent. »

Pas de baguette magique à trouver

Vivre l'instant présent – accepter pleinement la réalité telle qu'elle se présente – ne se cache pas au fond d'une question, ni derrière une recherche ou au bout d'une quête. Cela ne se trouve pas non plus dans la parole d'un maître, dans des livres, dans des techniques ou dans des endroits particuliers. La réponse ne se situe pas dans le monde des pensées. Elle est dans la perception directe de la réalité évidente qui se présente à chaque instant.

Il n'y a pas de chemin ou de pratique particulière pour vivre de plus en plus souvent au présent la réalité de ce qui se passe ici et maintenant. Il ne s'agit donc pas de savoir comment faire pour se libérer, ni quel maître suivre, quel gourou écouter, quels livres lire, ou quelle technique employer. En réalité, vous n'êtes rien d'autre que ce que vous avez toujours été. Mais vous ne pourrez pas le découvrir tant que vous continuerez à chercher la réponse dans la caverne illusoire et pourtant bien réelle de votre monde intérieur. Accepter la réalité, c'est devenir capable de découvrir, de comprendre et d'expérimenter que ce que vous êtes vraiment est bien plus vaste que le monde de vos pensées. C'est ce Shakespeare nommait « votre essence transparente comme le verre ».

Au lieu d'imiter Boris Vian qui disait « Le plus clair de mon temps, je le passe à l'obscurcir », vérifions avec Krishnamurti que « tous nos malheurs se cachent autant dans l'idée que nous avons de nous-mêmes que dans la façon dont nous pensons que la vie et les autres devraient nous traiter ».

Bibliographie

André C., *Psychologie de la peur*, Odile Jacob, 2005.

André C., *Secrets de psy*, Odile Jacob, 2011.

Bentov I., *Univers vibratoire et conscience*, Dangles, 1992.

Berthou É., « Le Sens de la vie », *Courrier international*, 11 août 2003.

Callahan R., *Cinq minutes pour traiter vos phobies par la kinésiologie*, Le Souffle d'Or, 1995.

Callahan R., *Cinq minutes pour vaincre l'anxiété*, Le Souffle d'Or, 2001.

Callahan R., *Stimulez votre guérisseur intérieur*, Guy Trédaniel Éditeur, 2003.

Carnegie D., *Comment dominer le stress et les soucis*, Flammarion, 2011.

Chalvin D., *Utiliser tout son cerveau*, ESF, 1992.

Cohen A., Wilber K. et Lesseps E., *Vivre l'éveil*, La Table Ronde, 2004.

Comte-Sponville A., *L'Esprit de l'athéisme*, Albin Michel, 2006.

Comte-Sponville A., *Présentations de la philosophie*, LGF, 2002.

Coué É., *Œuvres complètes*, Bussière, 2008.

Couwenbergh J.-P., *Chromothérapie et Luminothérapie*, Eyrolles, 2005.

Dalaï-lama, *Le Sens de la vie*, J'ai lu, 2008.

Dalaï-lama et Cutler H., *L'Art du bonheur*, J'ai Lu, 2000.

Dalet R., *Supprimez vous-même vos douleurs par simple pression du doigt*, Le Livre de Poche, 1983.

Decker J.-F., *Mieux connaître sa personnalité*, Éditions d'Organisation, 2003.

Delay J. et Pichot P., *Abrégé de psychologie*, Masson, 1975.

Delerm P., *La Première Gorgée de bière et autres plaisirs minuscules*, Gallimard, 1997.

De Mello A., *Quand la conscience s'éveille*, Albin Michel, 2002.

Desjardins A., *Pour une mort sans peur*, Pocket, 2003.

Desjardins A. et Loiseleur V., *L'Audace de vivre*, Pocket, 2011.

Donovan P. et Wonder J., *Les Secrets de la flexibilité*, Éditions de l'Homme, 1993.

Famery S., *Arrêter de culpabiliser*, Eyrolles, 2003.

Famery S., *Avoir confiance en soi*, Eyrolles, 2010.

Famery S., *Savoir et oser dire non*, Eyrolles, 2010.

Finley G., *Lâcher prise*, Pocket, 2012.

Finley G., *Les Clés pour lâcher prise*, Pocket, 2009.

Gabilliet P., *Éloge de l'optimisme*, Saint-Simon, 2010.

Gawain S. et King L., *Vivez dans la lumière*, J'ai Lu, 2004.

Gladwell M., *La Force de l'intuition*, Pocket, 2007.

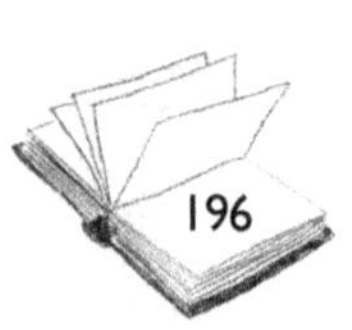

Graziani P. et Swendsen J., *Le Stress*, Armand Colin, 2005.

Grigorieff G., *L'Acupuncture*, Eyrolles, 2007.

Harding D. E., *Vivre sans stress*, L'Originel, 2010.

Harding D. E., *Vivre sans tête*, Le Courrier du Livre, 2009.

Hauvette D. et Vanbremeersch C., *Le Pouvoir des émotions*, Éditions d'Organisation, 2004.

Israël L., *Cerveau droit, cerveau gauche*, Plon, 1999.

Jaynes J., *La Naissance de la conscience dans l'effondrement de l'esprit*, PUF, 1994.

Jung C. G., *Dialectique du Moi et de l'inconscient*, Gallimard, 1986.

Krishnamurti J., *Cette lumière en nous*, Lgf, 2002.

Krishnamurti J., *La Flamme de l'attention*, Points, 1998.

Krishnamurti J., *Le Livre de la méditation et de la vie*, Stock, 2010.

Laporte-Castelnau A.-M. et Laporte-Darbans B., *La Gestion de soi*, ESF, 1994.

Larivey M., *La Puissance des émotions*, Pocket, 2011.

Linssen R., *L'Éveil suprême*, Le Courrier du Livre, 1993.

Loiseleur V., *Anthologie de la non-dualité*, La Table Ronde, 1997.

Lynch D. et Kordis P. L., *La Stratégie du dauphin*, Éditions de l'Homme, 2006.

Madoun S. et Dumonteil D., *ABC de l'EMDR*, Éditions Jacques Grancher, 2005.

Nietzsche F., *Ainsi parlait Zarathoustra*, Flammarion, 2006.

Onfray M., *Traité d'athéologie*, Lgf, 2006.

Péguy C., *Le Porche du mystère de la deuxième vertu*, Gallimard, 1986.

Petitcollin C., *Émotions mode d'emploi*, Jouvence, 2003.

Platon, *La République*, Flammarion, 2002.

Poletti R. et Dobbs B., *Accepter ce qui est*, Jouvence, 2005.

Ricard M., *Plaidoyer pour le bonheur*, Pocket, 2004.

Roques J., *EMDR*, La Méridienne, 2004.

Schmidt K. O., *Le hasard n'existe pas*, Astra, 1996.

Seligman M., *Authentic Happiness*, Free Press, 2003.

Seligman M., *Changer, oui c'est possible*, Éditions de l'Homme, 1999.

Servan-Schreiber D., *Guérir*, Pocket, 2011.

Shapiro F., *Des yeux pour guérir : EMDR*, Seuil, 2005.

Trungpa C., *Le Mythe de la liberté*, Seuil, 1979.

Trungpa C., *Pratique de la voie tibétaine*, Seuil, 1976.

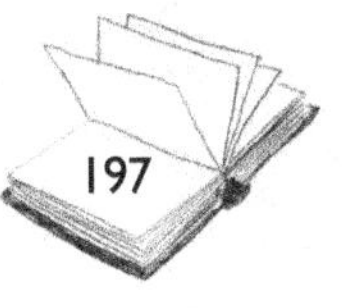

Index

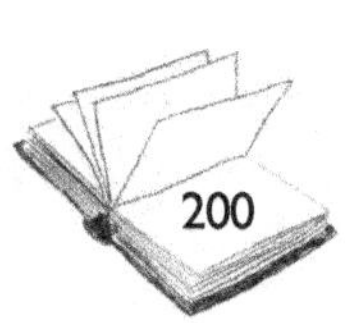

Du même auteur :

50 exercices pour ne plus subir les autres, Eyrolles, 2010.

50 exercices pour ne plus tout remettre au lendemain, Eyrolles, 2009.

50 exercices pour retrouver le bonheur, Eyrolles, 2009.

Manipulation : ne vous laissez plus faire !, Eyrolles, 2009.

Pour contacter l'auteur :
www.jacques-regard.com ou jacques.regard@gmail.com

Dans la même collection

Manuel de lâcher prise, Paul-Henri Pion.

Manuel du cyclothymique, Prentiss Price.

Manuel du phobique et de l'anxieux, Edmund J. Bourne.